KB217057

더 퍼스트

더 퍼스트

유나바머 지음

돈과 시간을 장악하는 1% 부의 법칙

THE FIRST

OWN YOUR TIME,
MASTER YOUR MONEY!

위즈덤하우스

프롤로그

돈과 시간으로부터의 자유를
원하는 이들에게

'더 나은 삶을 위해 뭐라도 하고 싶은데 뭘 해야 할지 도무지 모르겠습니다. 왜 저한테만 이런 힘든 나날이 계속되는 걸까요.'

지난 연말, 블로그를 통해 상담을 요청한 한 청년이 남긴 말이다. 지방에서 직장 생활을 하고 있는 스물여섯의 그는 휴가 중에 KTX를 타고 나를 만나러 왔다. 세 시간이 넘도록 깊은 대화를 나눈 끝에, 그는 다시 가슴 뛰는 삶을 살아보겠다는 약속을 남기고 돌아갔다. 언젠가 새로운 도전을 하고 무럭무럭 성장한 그를 만날 수 있을 거란 기대감이 들었다.

스물여섯. 만약 내가 그 나이였을 때 지금의 나를 만날 수 있었다면 어땠을까. 그런 생각을 하면 더 많은 청년들과 이야기 나누고, 나의 경험담을 들려주고 싶어진다.

　지금은 두 달 일정으로 런던 템즈 강변에 집을 얻어 살고 있다. 4월 런던은 가죽 재킷을 입어야 할 정도로 춥다. 창문 밖 옷깃을 여미고 바삐 움직이는 런던 직장인들의 시간에 비해 나의 시간은 느리게 흘러간다. 시침이 움직이는 속도는 모두에게 같을 텐데, 사람마다 체감하는 시간의 속도가 참으로 다르다는 것을 요즘 자주 느낀다. 나는 시간에게 통제받던 삶에서 스스로 시간을 통제할 수 있는 삶을 살게 되었다. 젊은 날 먹는 족족 토해서 산송장처럼 메말라가면서도 시곗바늘의 공격에 무방비 상태였던 내가, 지금은 물가가 비싸기로 유명한 런던에서 빅벤의 시계 소리를 감상하고 있다니. 통쾌하다. 이제 더는 나를 먹여 살리기 위해 하기 싫은 일을 억지로 하지 않아도 된다. 때로는 빠르게, 때로는 아주 느리게 나의 시간을 나만의 속도로 연주하며 살아갈 수 있다.

　나는 단순히 돈이 많은 사람을 부자라고 생각하지 않는다. 자신의 시간을 온전히 통제할 수 있는 사람이 진정한 자본주의 승자라고 생각한다. 감사하게도 나는 그 승리의 깃발을 손에 쥐었다.

사람들은 돈과 시간으로부터 자유로워지고 싶어 한다. 부자라는 말에 본능적으로 거부감을 갖는 사람도 돈에 쪼들리지 않고 경제적으로 좀 여유 있게 쓰면서 사는 삶을 원한다. 그리고 경제적으로 여유로운 사람들은 더 많은 돈을, 더 많은 시간을 벌기 위해 희생한다. 돈도 좋지만 좀 쉬고 싶다고 말한다. 그렇게 세상은 돈도 시간도 없는 사람, 돈은 있는데 시간이 없는 사람, 시간은 많은데 돈이 없는 사람들이 모여서 굴러간다. 둘 중 하나를 포기해야 맞는 걸까? 어떤 선택을 하며 살아야 후회 없는 인생을 살 수 있을까? 나는 아주 오랫동안 그 답을 찾아 헤맸다.

물론 세상엔 나보다 훨씬 많은 자산을 가진 사람들이 넘쳐난다. 그럼에도 지금의 내가 충분히 만족스러운 것은, 세상의 풍파를 오롯이 통과한 뒤 마침내 시간으로부터의 자유를 얻었다는 사실 때문이다. 언제든 가고 싶은 곳을 갈 수 있고, 만나고 싶은 사람들과 아낌없이 시간을 보낼 정도의 경제적 여유를 확보했기 때문이다.

어떻게 원하는 삶을 이루었느냐고 사람들이 물으면 나는 언제나 '운이 좋았다'고 답하곤 했다. 무책임하게 들릴 수 있겠지만, 실제로 어떤 성공 공식을 따른 것이 아니었다. 따라서 오답 노트도 수두룩하게 썼다. 책을 쓰면서 지나온 나의 인생을 철저히 복기했고, 이를 바탕으로 평범한 사람들을 성장하는 삶으로 이끄는 성공 방정식을 다듬었다.

나는 자신할 수 있다. 당신이 이 책에 나와 있는 방식대로 세상을 살아간다면, 당신이 그토록 갈구하던 돈과 시간으로부터의 자유를 얻게 될 것이다. 최소한, 자유에 가까이 다가갈 수 있다는 자신감만큼은 확실히 가질 수 있다.

지금 당신에게 주어진 시간을 어떻게 사용하느냐에 따라 10년 후 당신의 인생은 완전히 달라진다. 결과는 오직 당신 손에 달려 있다. 그러니, 먼저 스스로를 믿어라. 믿어야 변화가 시작된다.

2025년 4월
유나바머

차례

1단계 세상은 단독자를 원한다
BEONE MINDSET

2단계 소득의 단위를 바꿔라
MAKING MONEY

3단계 증발하는 돈을 자본화하라
SAVING MONEY

4단계 공부하고 실행하라
PROTECTING MONEY

자본주의는
무한의 게임이다

동일한 조건, 동일한 선상에서 출발한 사람들 중 왜 누구는 자유를 얻고 누구는 죽는 순간까지 시간의 굴레에 갇혀 살까? 혹시 성공 DNA란 게 따로 있어서 태초부터 성공할 운명을 타고나는 걸까? 아니면 살면서 만나게 되는 인적·물적 환경 때문일까? 그도 아니면, 그들만 아는 어떤 법칙이 존재하는 걸까?

앞서 말했듯 나는 어떤 공식을 배워서 지금에 이르지 않았다. 몸으로 부딪히고 정신적·육체적으로 심하게 아프고 다치면서 몸소 이기는 법을 깨달아야 했다. 그래서, 자본 게임의 룰을 터득하고 여기까지 오는 데 아주 긴 시간이 걸렸다. 두 번 다시 그 끔찍한 경험을 반복하고 싶지 않다. 그렇게 힘든 경험이 성공의 필요충분조건이라면, 차라리 성공하지 않고 그저 평범하게 살고 싶다고 말할 것이다. 그러므로 나의 자녀와 다른 사람들이 내가 겪은 고통과 실패를 답습하지 않길 바란다. 그런 고생은 나 혼자 하는 것으로 충분하다.

우리는 살면서 숱하게 많은 문제를 만난다. 문제를 안 풀고 회피해도 되는 사람은 매우 극소수다. 혜택받은 '로열 등급'의 피를 갖고 태어나지 않았다면 누구나 생존과 성장을 위해 문제를 해결해야 하고, 그때마다 중요한 선택을 해야 할 운명에 놓인다. 선택의 순간마다 더 나은 답을 찾는 해설서가 있다면 우리의 결정력도 더 좋아지고 질적으로 훨씬 나은 삶을 살아갈 수 있을 것이다. 바로 그 '선택'에 도움 되는 책을 쓰고 싶었다.

누구나 인생의 초보 운전자다

인생의 중요한 순간, 그리고 실패의 순간마다 내가 들은 말은 주로 이런 것들이었다.

"인생이 원래 그렇지, 뭐."

"다들 그렇게 살아."

"올려다보지 말고 아래를 보고 살아."

"분수대로 사는 거지."

왜 공부를 해야 하는지, 어떤 회사에 취직해야 유리한지, 사업을 한다면 언제 어떻게 시작하는 것이 좋은지, 집은 언제 어떻게 취득해야 하는지 등등, 인생의 중요한 결정의 기준에 대해 나는 배운 적이 없었다. 듣는다 하더라도 대부분 모호하거나 오류투성이 답지였다. 그러니 선택을 할 때마다 이 선택이 올바른 선택인지에 대한 확신이 없었고, 대부분 시간에 쫓겨 '찍기' 식 선택을 해왔다. 시간의 급류에 불안한 몸을 맡기고 그냥 그렇게 부유물처럼 떠다녔다. 맨땅에 헤딩을 하도 해대서 혹이 가실 날이 없었다. 바닥을 알 수 없는 자이드롭 인생이었다.

　인생의 모든 순간에 우리는 초보자다. 누구나 처음 태어나고, 처음 10대를 보내고, 처음 결혼을 하고, 처음 아이를 낳아 키우고, 처음 노년을 맞이하며, 또 처음 죽음을 맞는다. 다시 살면 더 잘 살 수 있을 것 같은데, 아쉽게도 우리가 맞이하는 모든 순간은 처음이자 마지막이다. 우리 모두는 인생의 초보 운전자이지만, 인생의 로드맵을 가지고 출발하면 실수를 줄일 수 있다.

　내비 없는 장거리 운전을 상상할 수 있는가? 이제 우린 경로부터 위험 요소까지 다양한 알림에 의지해 실수나 사고를 미연에 방지하며 미리 설정해둔 장소에 안전하게 도착할 수 있다. 인생도 마찬가지다. 지금 내가 어디에 있는지, 무엇을 선택하고 무엇에 집중해야 하는지를 알아야 액셀을 밟아서 속도를 낼 수 있다. 100미터 앞에 급커브 길이 나올 것을 미리 알아야 브레이크를 밟고 속도를 줄일 수 있다. 그런데 우린 대부분 로드맵 없이 인생 운전대를 잡는다. 따라서 나이가 들어도 운전에 서툰 것이 당연하다. 실력을 늘리려면 '그 길을 먼저 경험한' 사람에게 배워야 한다. 다른 사람들이 운전하는 것을 구경만 하지 말고, 직접 운전대를 잡아야 한다.

자본에는 자본으로 맞서야 한다

바둑을 잘 두는 사람은 허수를 두지 않는다. 매 순간 이기는 수를 두려고 고심한다. 바둑은 더 많은 집을 지으면 이기는 게임이지만, 자본주의 게임은 더 많은 자본을 얻으면 이기는 게임이다. 그렇기에 자본 게임에서는 무조건 더 많은 자본을 만드는 수를 두어야 한다. 나는 궁극적으로는 행복한 사람이 최후의 승자라고 생각하지만, 행복의 정도는 측정할 수 없고 주관적이기에 여기서는 경제적 가치에 집중하겠다.

자본 게임에 참여하기 전에 반드시 인정할 것이 한 가지 있다. 우리가 사는 세상은 바둑과 다른 어드밴티지가 존재한다는 사실이다. 부모를 잘 만난 사람은 이미 몇 수의 유리한 바둑알을 두고 게임에 참여한다. 불공평하다고 한탄만 한다면 이 게임에는 참여할 수가 없다. 이조차 일종의 룰로 받아들여야 한다. 나도 이 사실을 받아들이기가 너무 힘들었지만, 현실을 있는 그대로 인정하고부터 비로소 게임을 제대로 시작할 수 있었다.

바둑에서는 실력이 뛰어난 사람이 그렇지 못한 사람에게 어드밴티지를 주지만, 우리가 사는 세상은 그 반대다. 막대한 자산가의 자녀들에게 어드밴티지가 주어진다. 모든 게임의 결과는 심플하다. 상대가 이기면 나는 진다. 즉, 이긴 사람이 모든 것을 가져간다. 하지만 자본 게임은 다르다. 자본주의사회는 상대방이 자본을 많이 가지고 있다고 하더라도 그 사람이 무조건 이기는 시스템이 아니다. 지금 이 순간에도 자본은 끊임없이 시장에 흘러나오고 있기 때문이다. 즉 자본 게임은 한정된 자본을 나눠 갖는 치킨 게임이 아니라, 빨리 시작하는 사람이 더 많이 가져갈 수 있는 무한의 게임이다.

부족한 자본으로 시작하더라도 현명한 선택을 해나간다면 바둑알을 많이 두고 시작하는 사람들도 충분히 이길 수 있다. 당신은 그들을 상대하며 이기고 지는 게임을 하는 것이 아니다. 그 사람은 그 사람의 게임을, 당신은 당신의 게임을 하는 것이다. 그들과 당신이 경쟁 관계가 아니라 협업 관계라는 사실을 기억해야 한다. 따라서 타인과의 경쟁 심리로 살아가지 말고 지금부터라도 당신의 인생 바둑판을 넓게, 골고루 쓰길 바란다. 다른 사람은 신경도 안 쓰는데 바둑판 한 귀퉁이에 매몰되어 옹졸한

수를 둔다면 아무리 열심히 살아도 좌절과 포기를 반복할 수밖에 없을 것이다.

　우리가 주목해야 하는 것은 이미 부자인 사람들이 아니다. 가진 것이 없던 사람들이 어떻게 돈을 벌고 모아서 자본의 규모를 키워왔는지, 또 돈을 쌓아 올리는 구조가 얼마나 견고해야 무너지지 않는 부가 완성되는지 등, 자본주의의 핵심 메커니즘을 공부해야 한다. 그 법칙을 올바로 이해하고 실행하면 부모의 직업과 재산, 가정환경, 학벌 및 현재 소득, 지금 보유한 자산과 상관없이 누구나 돈을 벌 수 있고, 자본에 자본으로 맞설 수 있다.
　한마디로, 부를 쌓고 가속화하는 공식은 분명히 있다. 경쟁 피라미드의 최상위에 위치한 사람들, 이를테면 대기업 임원이나 전문직 종사자, 고수익의 사업가를 유일한 성공 모델로 생각하지 마라. 이는 자본의 힘을 반만 이해했기에 할 수 있는 착각이다. 시야를 넓히자. 당신의 바둑판엔 아직 놓지 못한 돌이 많다.

인간을 변화시키는
3가지 방법

인간을 바꾸는 방법은 세 가지뿐이다. 시간을 달리 쓰는 것, 사는 곳을 바꾸는 것, 새로운 사람을 사귀는 것. 이 세 가지가 아니면 인간은 바뀌지 않는다. 새로운 결심을 하는 건 가장 무의미한 행위다.

오마에 겐이치의 『난문쾌답』에 나온 구절로, 내 인생을 바꾼 글귀다. 만약 당신이 변화와 성장을 원하면서 어제와 같이 시간을 쓰고, 어제와 같은 공간에서 어제 알던 사람들과 생각과 경험을 공유한다면, 당신의 인생은 절대 변화할 수 없다. 당신이 아무리 천재라고 하더라도 말이다.

1. 시간을 달리 쓴다

가난한 사람이든 부자든 모두에게 공평하게 주어지는 것이 바로 '시간'이다. 자본의 불공평함을 우리는 시간의 공평함으로 극복할 수 있다. 즉, 유한한 시간을 어떻게 얼마나 확보하고 그 시간에 무엇을 하는가에 따라 개인의 미래가 결정된다. 누군가 가 하루 동안 주어진 시간에 무슨 생각을 하고 그 생각을 실행 하는지 방향성을 확인하면, 나는 그 사람의 성공 가능성을 예측 할 수 있다. 아주 단순하지만 가장 핵심인 성공의 열쇠가 거기에 있다. 성장을 위해 제한된 시간에 집중해서 해야 하는 것들이 있 는데, 대다수의 사람은 그것들과 아무런 관련이 없는 것들에 소 중한 시간을 소비한다. 그리고, 자신을 위한 일이라고 한 노력이 다른 사람의 성장을 도와주는 일이라는 것을 인지하지 못하는 경우가 많다.

예를 들어보자. 혼자 있는 여유로운 시간에 눈을 감고 음악 을 듣거나 차를 타고 이동하며 음악을 듣는다. 마음을 힐링하는 시간이라고 생각하지만, 무엇을 위한 힐링인가? 특정 음악을 들 으면서 당신이 하는 일의 능률이 몇 배 상승하고 새로운 아이디 어가 떠올라 높은 성과로 연결된다면 그 음악을 만든 사람도, 당 신도 윈윈 하는 게임이다. 즉, 사회적 가치를 두 사람이 함께 높 일 수 있다. 하지만, 대부분은 그저 음악을 '듣는' 데 그친다. 우리가 무심코 음악을 재생하는 순간 그 음원의 저작권자는 돈을 번다. 전 세계 수많은 사람이 그가 만든 곡을 재생하고, 잠자는 동안에도 그의 통장에는 돈이 쌓인다. 유튜브는 어떤가? 음악 채널을 만든 유튜버, 그리고 그 유튜버가 만든 영상 속 곡에 대한 저작권을 보유한 사람이 돈을 번다. 당신이 돈을 벌어주는 사람들 중 한 사람인 것이다.

일상 속에서 당신이 행하는 수많은 일을 따져보자. 그 행동으로 당신이 돈을 벌고 있지 않다면, 당신이 소비하는 콘텐츠를 제작한 상대방이 돈을 벌고 있는 것이다. '이 음악을 들으면 마음이 편안해지고 정신이 맑아진다'라는 마케팅 문구가 당신이 생산적 활동을 하고 있다고 착각하게 만든다. 동일한 행동을 하더라도 목적이 분명한 사람은 투자를 하는 것이지만, 그렇지 않은 경우 대부분 누군가가 수익을 얻고 유명해지는 것을 도와주는 일에 그친다.

음악을 듣지 말라는 말이 아니다. 음악을 '듣기만 하는' 행동을 하지 말라는 뜻이다. 누군가는 음악을 만들어 다른 사람들의 시간을 흡수한다면, 당신은 그 음악을 들으면서 당신의 시간을 많이 확보할 수 있는 유무형의 자산을 만들어야 한다는 것이다. 그것이 상생이고 상호 협업이다. 국가적으로 보면 국민총소득을 높이는 지름길이다.

미라클 모닝을 아무리 열심히 하더라도 그 시간에 자신을 마주하고 집중해야 할 일에 시간을 투자하지 않는다면 일찍 일어나는 것보다 오히려 잠을 더 자서 체력 보충을 하는 편이 훨씬 낫다. 일찍 일어나서 혼자 있는 시간을 확보했다면, 그 시간에 자신의 성장에 꼭 필요한 것에 시간을 써야 변화가 일어난다.

책을 많이 읽으면 성공한다는 말을 듣고, 아무런 자가 진단 없이 무작정 서점에 가서 베스트셀러 코너를 기웃거린다고 해서 삶은 절대 나아지지 않는다. 그런 자세로 한 달에 수백 권을 읽고 필사를 해도 당신의 삶은 나아지지 않는다. 이런 사람은 나중에 다른 사람들에게 '책과 성공은 아무런 관련이 없다'는 궤변을 늘어놓을 것이다. 어떤 사람은 책 한 구절로 인해 엄청난 성장을 하는데, 어떤 사람은 수백 권의 책을 읽어도 제자리걸음이라면 분명 무슨 다른 이유가 있지 않겠는가. 혼자 있는 시간에 무엇을 할지 몰라서 그렇다. '무엇'을 하기 전에, '어떤 것'을 우선해야 하는지를 아는 것이 중요한 것이다.

우선 혼자만의 시간을 확보하자. 그 시간에 무엇을 해야 할지 아직 모르겠다면, 일단 그 시간에 해야 하는 것들 중에 익숙한 것들과 당신의 마음을 불편하게 하는 것들의 목록을 각각 작성해서 가장 불편한 것부터 시작해보자. 마음이 '불편하다'는 것은 '익숙하다'의 반대되는 말이다. 우리는 24시간을 대부분 익숙한 것들을 하면서 보낸다. 본능적으로 마음을 불편하게 하는 어떤 직관이 마음속에 도사리고 있어도, 그 마음을 깨울까 노심초사한다. 성장하려면 마음속 불편한 그 녀석을 깨워야 한다. 당신을 불편하게 하는 직관을 깨우고, 그것이 이끄는 생각과 행동에 집중해야 한다.

2. 사는 곳을 바꾼다

사는 곳을 바꾸지 않으면 만나던 사람들만 만나 매일 하던 이야기만 하게 되고, 그들이 아는 세계를 벗어날 수가 없다. 그 세계에서 경험해보지 못한 시도들은 위험하고 실패하기 쉬운 일이라고 단정 지어버린다. 고 정주영 회장이 어린 시절 살던 곳을 떠나지 않았다면 지금의 현대는 없을 것이다. '말은 제주로, 사람은 서울로 보내야 한다'는 말은 사는 곳을 바꾸어야 사고와 미래도 변화할 수 있다는 것을 의미한다. 경마장에 있는 말보다 제주의 자연을 뛰노는 야생의 말이 더 자유를 만끽할 수 있고 본연의 야생성을 키울 수 있는 것처럼, 인간도 시도를 두려워하지 않고 시행착오를 거쳐 성공한 사람이 많은 서울로 가는 것이 더 유리하다는 의미일 것이다.

2023년 KB 한국 부자 보고서에 따르면, 서울에 한국 부자의 45.4%가 살고 있고 경기도에 22.1%가 거주하고 있다. **부자가 많은 곳에서 부자가 더 많이 나는 것은 당연한 인과다.** 나는 초등학교 1학년 겨울방학에 부모님 품을 떠나 서울로 유학을 왔다. 어린 시절에 남들처럼 부모님과 함께 살지 못한 아쉬움은 있지만, 부모님이 어린 나를 서울로 보낸 것은 자식이 더 큰 세상에서 살아가길 바라는 마음이었다고 이해한다.

물리적 공간을 바꾸는 것을 단기간에 실현하기는 어렵다. 다행히 우리는 디지털 시대에 있기에 물리적 공간과 사이버 공간을 함께 살아간다. 오프라인 공간에 변화를 주기 힘든 상황이라면 온라인을 통해서 사는 곳을 바꿀 수 있다. 즉, 당신이 시간을 보내는 곳이 바로 '사는 곳'이다. 나는 '비원Beone'이라는 커뮤니티를 운영하고 있다. 일과 투자에서 어제보다 더 나은 성과를 내기 위해 정보를 교환하고 응원과 격려를 주고받는 모임으로, 해외 거주자들까지 시공간을 초월해 교류한다. 온라인엔 당신이 하고 싶고, 되고 싶은 모습으로 살아가는 사람들의 모임이 수없이 많다. 목표에 가까워지려면 그런 모임에 참가해야 한다. 동창 모임, 회사 동기 모임, 가족 모임과 같은 익숙함의 끈을 잠시 끊어내고 말이다.

사람들은 익숙한 것을 선호하고, 익숙하지 않은 일은 리스크가 있다고 받아들인다. 인생의 혁명을 일으키는 선택은 익숙하지 않은 것들에 있다. 사업 실패로 많은 빚을 떠안은 부모는 자식에게 사업보다 공무원이나 학교 선생님처럼 안정적인 직업을 권한다. 사업이 잘못된 것이 아님에도 위험한 일이라는 인식을 심어준다. 나는 직장을 다니는 사람도 적극적으로 사업을 시도해야 한다고 생각한다. 부모가 사업에 실패했다면 '사업은 위험한 일'이라고 믿을 것이 아니라 부모의 실패 원인을 파악하고 똑같은 실수를 하지 않는 방법을 공부해야 한다.

많은 사람이 거주할 집을 선택할 때 자신이 태어나서 자라고 학교를 다니던 익숙한 곳을 선택한다. 혹은 현재 근무하고 있는 직장 근처에 집을 얻는다. 그 선택 하나만으로 자산의 격차가 벌어진다는 것을 사람들은 잘 인지하지 못한다. 익숙한 곳을 선택할 것이 아니라, 자신에게 유리한 입지를 골라서 그곳에 익숙해져야 한다.

소득이 높은 사람들이 거주하는 지역의 아파트를 정한 다음 시간 날 때마다 그곳을 방문해보자. 복장을 잘 차려 입고 가기보다 집 앞에 나가듯 편한 차림새로 가는 것을 추천한다. 이미 그곳에 거주하는 사람처럼 말이다. 근처 카페에서 커피도 마시고, 책도 읽고, 식당에 가서 식사도 해보자. 여러 번 반복하다 보면 그곳이 마치 살고 있는 동네처럼 친근하게 느껴질 것이다. 그리고 '나도 여기에 살고 싶다'라는 강력한 동기부여가 생기면서 그

생각에 맞게 계획하고 실행할 추진력을 갖게 된다. 익숙한 장소
가 주는 힘이다.

3. 새로운 사람을 만난다

우리는 성장하면서 계속 새로운 사람을 만난다. 인간은 다
른 사람과 지적 교류를 하면서 정신적으로 풍요로운 삶을 추구
하는 존재다. 학교에 가면 같은 반에 있는 친구들과 만나고 사귄
다. 직장에 들어가면 부서 사람들과 만나고 소통하며, 가정에서
는 추석이나 설날에 친척들을 만난다. 사회 활동의 반경이 넓어
지면서 새로운 사람을 접할 기회가 많아진다.

인생에서 맺는 관계 중 가장 큰 영향을 미치는 사람은 단연
부모님이다. 부모의 언어와 행동 그리고 사고를 통해 한 사람의
인격체가 형성된다. '부모는 자식의 거울'이라는 말만큼 무서운
말이 없다. 자식이 잘되지 않기를 바라는 부모는 세상에 없을 것
이다. 그런데 왜 어른이 되면서 선한 사람과 악한 사람이 나뉘게
되는 걸까? 왜 어떤 사람은 자수성가 부자가 되고, 어떤 사람은
가난의 굴레를 벗어나지 못하는 걸까?

나는 그 첫 번째 원인이 부모의 삶에 있다고 생각한다. 어린
시절 가장 많은 시간을 함께하면서도 부모들은 자식이 자신의
모습을 배우고 닮아갈 수밖에 없다는 사실을 종종 잊는다. 자식

에게 바라는 모습이 있다면 그걸 이룰 방법은 아주 간단하다. 자신이 먼저 그 모습대로 살면 된다. 자녀가 흡연하는 것이 싫다면 부모가 먼저 담배를 끊어야 하고, 자녀가 책을 읽길 원한다면 아이에게 책을 읽어주고 그 내용에 대해 아이와 대화를 나누는 노력이 필요하다. 또 부모 자신이 꾸준히 책을 통해 인생을 공부하고 성장해나가는 모습을 보여줘야 한다.

직업과 관련해서도 마찬가지다. 자식은 부모의 직업을 따라갈 확률이 매우 높다. 만약 자식이 자신과 다른 직업을 갖기를 원한다면, 그에 맞는 멘토를 찾아주는 노력을 하거나, 자녀가 원하는 일을 이미 익숙하게 하고 있는 사람들과의 친분을 쌓는 노력을 해야 한다. 돈을 들여 사교육을 시키고 좋은 과외 선생을 붙여준다고 해서 저절로 훌륭한 루트를 밟게 되는 것이 아니다. 사람은 자신이 만나고 이야기 나누는 사람들을 세상의 전부로 인식하기 때문이다. 앞에서 소개한 비원 모임에는 자녀에게 '세상의 다양한 직업과 그 종사자들'을 알려주는 프로그램이 있다. 어릴 때부터 이렇게 선택의 다양성을 넓혀주는 것이 좋다.

사람들은 자신에게 익숙한 사람이 하는 일이나 성과를 상대적으로 쉽게 인식하는 경향이 있다. 가령 부모나 친척 어른이 의사인 경우, 자녀는 의사가 되는 것을 하늘의 별 따기처럼 힘든 일로 여기지 않는다. 의대에 진학하려면 학창시절 최상위권에 들어야 하고 가정 내 소득도 상대적으로 높기 때문에 경쟁 피라미드 세계에서는 상위에 위치해 있다. 그렇다 보니 그들보다 소득이 낮은 집안의 자녀들은 자연스럽게 의사라는 직업에 대한 심리적 장벽을 갖게 된다. 반면 의사를 부모로 둔 자녀들은 지극히 평범하고 허점투성이에 모르는 것도 많은 부모의 다양한 면모를 보면서 자랐으니 의사라는 직업에 대해 느끼는 벽이 상대적으로 낮다.

그래서 의사 부모를 둔 자녀 중에 이렇게 말하는 학생을 심심찮게 봤다.

"나중에 할 것 없으면 의사 하면 되죠."

이게 바로 익숙함의 힘이다.

당신이 자주 만나는 사람들, 정기적으로 참여하는 모임을 한번 적어보자. 그들과의 만남을 통해 지금껏 인생의 큰 변화나 자극, 성장이 없었다면 앞으로도 변화할 거라는 기대를 갖기는 힘들다. 진심으로 변화와 성장을 원한다면 기존에 시간을 같이 보냈던 사람들 중 당신이 이루고자 하는 삶을 살고 있는 사람이 있는지 우선 살펴볼 필요가 있다. 만약 있다면 그와의 교류를 늘려가길 바란다. 그런 존재가 전혀 없다면 지금 당신이 가진 고민을 먼저 해결한 사람을 찾는 것이 급선무다.

다른 관계를 만든다는 것은 새로운 가능성을 만드는 일이다. 우리에게 주어진 시간은 제한적이기에 무작정 만남만 도모하면서 기적처럼 인생의 스승이 나타나기를 기다릴 수는 없다. 운이 나쁘면 영원히 못 만나거나 인생을 망칠 망나니나 당신의 돈을 탐내는 사기꾼을 먼저 만나게 될 확률이 높다. 따라서 **이루고자 하는 목표가 명확하고, 구체적인 목적이 있고, 그 길을 향해 걸어가고 있는 사람**을 적극적으로 찾아야 한다. 만일 그 대상이 이미 세상을 떠났다면 책이나 영상을 통해 만나볼 수도 있다. 살아 있는 사람이라면 직접 대면할 기회를 만드는 것도 좋다. 당신의 성장에 응원과 도움을 줄 수 있는 사람들로 당신 주변을 채워나가라.

성공의 필수 로드맵,
자본주의 테크트리

나는 경기도 외곽의 보일러가 들어오지 않는 옥탑방에서 자본주의와 투자를 공부했고, 이 시기에 자본주의 테크트리 맵을 만들었다. 세상은 열심히 산다고 다 잘되지도 않고 절실하다고 해서 다 성공하는 것도 아니다. 사람은 실패를 하면서 깨달음을 얻는다지만, 글쎄. 그 한 번의 실패 경험이 돌이킬 수 없는 나락이 되기도 한다. 무슨 차이일까? 오랫동안 생각한 고민의 결과가 이 책에서 소개하는 자본주의 테크트리 맵이다.

자본주의 테크트리 맵은 인생에서 무언가를 결정하고 선택할 때 명확한 기준점을 제시하는 로드맵이다. 현재 자신의 위치를 파악하고, 어디가 막혀 있으며, 무엇을 해서 한계를 돌파해야 하는지를 진단하는 지표가 될 것이다. 열심히 사는데도 변화나 발전이 없었던 건 노력이나 능력의 문제가 아니라 맥을 잘못 짚고 엉뚱한 것에 돈과 시간을 소비한 결과다.

돈의 흐름은 우리 신체와 같다. 신체의 다양한 원인으로 인하여 뇌혈관이 막히면 뇌에 공급되는 혈액량이 감소하며 뇌조직이 정상적으로 기능하지 못하게 된다. 이 상태가 일정 시간 지속되면 뇌조직의 회복이 아예 불가능한 뇌경색에 이른다. 혈액이 머리부터 발끝까지 원활하게 순환되어야 혈색이 돌고 건강한 몸이 유지되듯이, 우리의 가계 경제도 피가 원활하게 돌아야 한다. 그런데, 내가 만나본 많은 사람은 피가 신체 일부만 돌고 꼭 필요한 곳엔 공급되지 않는 '돈경색'의 가계 상황을 유지하고 있었다.

자본주의 테크트리 맵은 단순히 이론적인 프로세스가 아닌, 자기 자신을 파악하는 맵으로 활용해야 한다. 당신과 당신 인생의 약한 부분과 강한 부분이 무엇인지 정확히 파악하고, 약점은 보강하고 강점은 강화하는 지표로 쓰여야 한다.

사람들은 더 성장하고 성공하고 싶어 하지만, 구체적으로 무엇을 해야 하는지 모르는 경우가 많다. 수많은 성공 신화 속

교훈은 듣기엔 멋지고 위대한데 막상 자기 인생에 적용하려고 하면 막연하고 추상적이다. 그러니 그저 익숙한 것들의 프로세스를 따르며 이게 최선이라고 여긴다. 그렇게 어제와 같은 오늘, 내일을 살아간다. 그것도 아주 열심히, 성실하게.

익숙하고 반복적인 일을 하면서 변화와 성장을 원하는 건 모순이다. 어제와 다른 내일을 바란다면 오늘 무엇을 해야 의미 있는지 정확히 아는 것이 중요하다. 그리고 그 '무엇'을 알아야 '어떻게'가 나온다. 나는 그 실체를 찾는 사람들에게 지극히 실용적인 도움을 주는 것을 목표로 이 책을 쓰기 시작했다.

명확한 방향성과 구체적인 방법을 아는 사람은 느리게 가더라도 조급해하지 않는다. 확신과 성취감이 내재되어 있기에 지치더라도 쉽게 회복한다. 그렇게, 성장에 가속도가 붙는다.

다음 페이지의 맵을 책상이나 스마트폰 등 잘 보이는 곳에 붙여두고 당신에게 필요한 행동이 무엇인지 자주 상기해보기 바란다. 기억하자, **다수의 프로세스에는 답이 없다.**

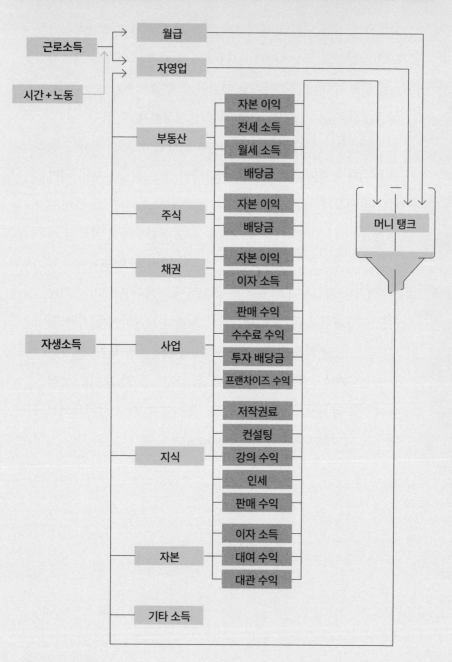

자본주의 테크트리 맵

근로소득 → 월급

시간 + 노동 → 자영업

자생소득
- 부동산
  - 자본 이익
  - 전세 소득
  - 월세 소득
  - 배당금
- 주식
  - 자본 이익
  - 배당금
- 채권
  - 자본 이익
  - 이자 소득
- 사업
  - 판매 수익
  - 수수료 수익
  - 투자 배당금
  - 프랜차이즈 수익
- 지식
  - 저작권료
  - 컨설팅
  - 강의 수익
  - 인세
  - 판매 수익
- 자본
  - 이자 소득
  - 대여 수익
  - 대관 수익
- 기타 소득

머니 탱크

▪ 자본 이익: 자산 매도 차익.
▪ 대여 수익: 물건이나 장비를 빌려주고 얻는 수익.
▪ 대관 수익: 공간이나 시설을 빌려주고 얻는 수익.

'테크트리'는 실시간 전략 시뮬레이션 게임에 자주 사용되는 용어다. 빈약한 자원을 기반으로 단계별 유닛을 생성하고, 수비력과 공격력을 강화하면서 자신의 영역을 확장해나간다. 테크트리를 타서 최고 단계로 오를수록 게임에서 유리해지고, 상대방을 압도할 수 있는 힘을 얻게 된다. 우리가 살아가는 자본주의 세계와 소름 돋을 정도로 흡사하다.

20대 후반, 일이 잘 풀리지 않을 때 스타크래프트 게임을 자주 했었다. 현실 도피의 목적도 있었지만, 냉혹한 현실과 다른 게임 속 세계의 몇 가지 특징에 매료되었던 것 같다.

첫째, 게임 세계에서는 모두가 공평하다. 안락한 게임 의자와 멋진 사운드, 최고급 키보드 같은 차이는 있을지 몰라도, 현실 세계에서의 불평등에 비하면 아무것도 아니다. 게임 세계에서만큼은 모두가 공평하게 제로베이스 상태에서 겨룬다.

둘째, 게임 세계에서는 모든 유저에게 동일한 공략집이 제공된다. 돈을 더 많이 낸다고 더 정교한 공략집이 제공되는 것이 아니다. 현실 세계처럼 교육과 정보의 불균형이 없다.

셋째, 태어나면서부터 신분이 결정되지 않는다. 자신의 종족을 스스로 선택할 수 있고, 한 번 선택한 종족을 언제든 바꾸는 것도 가능하다. 누구에게나 공평한 기회가 주어지는 것이다.

넷째, '리셋'이 가능하다. 잘못된 선택을 하고 결과에 온전히 책임져야 한다는 심적 부담이 없다.

많은 사람이 나와 같은 이유로 게임 속 세계로 도피하는 것 아닐까 싶다.

게임에도 공략집이 있는 것처럼, 자본주의 세상에도 매뉴얼이 존재한다. 부모의 재산을 물려받고 출발점부터 유리한 포지션에서 시작하는 유저들도 있지만, 세상엔 자수성가한 부자들이 훨씬 많다는 게 바로 그 증거다. 이 책을 읽는 당신도 게임처럼 현실 속에서 정해진 테크트리를 타며 인생을 '빌드업' 할 수 있다는 말이다.

이 책에서는 그 매뉴얼에 대해서 하나씩 살펴볼 것이다. 이미 테크트리를 잘 타고 있다면 지금 바로 책을 덮어도 좋다. 하지만, 세상을 어떻게 살아나가야 할지 잘 모르겠거나, 시기가 맞아 운 좋게 목표에 어느 정도 다다랐지만 그다음에 무엇을 해야 할지 모르겠다면 이 책을 끝까지 읽어보기 바란다. 그동안 품었던 고민과 질문들이 하나둘씩 해소될 것이다.

태어나면서부터 부자 부모를 만난 소수의 사람들은 이 책을 보면 더 강력한 치트키를 얻게 될 것이다. 그런 사람들은 (내가 강요할 수는 없지만) 이 책을 읽지 않았으면 좋겠다. 운이 좋아 어쩌다 테크트리를 타게 된 사람들에게 이 책은 그동안 자신이 누린 운에 대해 복기해볼 속 시원한 경험이 될 것이다. 반면 오랫동안 인생의 정체기에 머물러 있다고 느끼는 독자분들은 다음 성장을 위해 무엇을 해야 하는지에 대한 힌트를 이 책에서 찾을 수 있을 것이다.

이 책은 주로 후천적 부자가 되기를 원하는 사람들, 과거의 실패를 리셋하고 제로베이스에서 다시 시작하고 싶은 사람들을 위해 썼다. 미리 당부하건대, 한 번의 시도로 단박에 부자가 되길 원한다면 하루빨리 그 기대를 접기 바란다. 로또에 당첨되지 않는 한 그런 일은 거의 없다. 게다가 요즘은 로또 당첨금으로 서울 강남의 아파트 한 채를 사기도 어려우니, 운으로 일확천금을 얻는 시대는 지났다.

희박한 확률의 로또를 기다리며 살기에는 인생이 너무 허무하고 아깝다. 물론 단기간에 부자가 된 사람들이 가뭄에 콩 나듯 간혹 있기는 하나, 지극히 예외적인 사례로 일반인들에게 적용할 수 있는 보편적인 공식은 아니다. 이 책에서 나는 지극히 평범한 사람들이 현실적으로 적용하고 시도할 수 있는 방법들만 다룰 예정이다.

부의 테크트리를 타기 전에
반드시 명심해야 할 것

자본주의 테크트리 맵으로 자가 진단을 하다 보면 돈의 흐름이 막혀 있음을 발견하고 답답함을 느낄 것이다. 이 맵은 일과 자산 모든 면에서의 건강 상태를 점검하는 용도이므로, 이런 반응은 매우 긍정적인 신호다. 명심할 것은, 이 단계에서 깨달은 것을 실행에 옮기지 않고 그저 확인에만 그치면 점검의 의미가 전혀 없다는 사실이다. 자신에게 약한 곳은 공부를 통해 혈을 뚫고, 강한 곳은 그 가치를 더욱 높여서 혈자리를 늘려야 한다.

우리는 현실에 직면한 문제, 그리고 앞으로 일어날 문제들에 대해 방관하려고 하는 습성을 갖고 있다. 그것은 삶에 대한 불안감을 계속해서 안고 가게 만든다. 당신의 삶을 진정으로 사랑한다면 회피하지 마라. 문제를 뒤로 숨기지 말고 당당하게 맞서라. 그 문제들을 해결할수록 인생의 경험치가 늘고, 두려움과 불안은 점점 더 멀어진다.

성공한 사람들은 모두 '직면할 용기'를 가지고 있다. 어려움을 외면하지 않고, 오히려 새로운 시도를 할 '기회'로 받아들인다. 똑같은 문제에 부딪혔을 때 어떤 사람은 신을 원망하고, 어떤 사람은 신에게 감사하는 이유다.

니체는 말했다.

"모든 삶의 순간은 우리에게 무엇인가를 말하려 한다. 그러나, 우리는 들으려 하지 않는다."

듣고, 깨닫고, 변화할 준비가 된 당신의 시작을 뜨겁게 응원한다.

THE

1단계

BEONE MINDSET

FIRST

세상은 단독자를
원한다

ASTERING MONEY AND TIM

정치권에서 '청년들의 기본소득을 보장해줌으로써 부의 불균형을 완화하겠다'는 공약을 종종 듣게 된다. 앞으로 이런 공약이 들리면 그냥 웃어넘겨라. 정치인이 가난한 청년들을 진정으로 걱정한다면, 기본소득을 줄것이 아니라 자본주의 게임의 법칙을 가르쳐야 한다. 하지만 그런 일은 일어나지 않을 것이다. 정부는 당신이 부자가 되길 원치 않는다. 그저 부자들에게 더 많은 세금을 걷어 나눠주며 생색을 내고, 그 대가로 표를 요구할 뿐이다.

부의 격차는 비단 돈의 액수로만 결정되지 않는다. 한국의 부자 부모들이 증여할 돈을 국가가 모두 환수한다고 해도, 결국 그 자녀들이 경쟁에서 승리할 것은 자명한 사실이다. 자본주의 게임에 오랜 기간 노출된 사람들이 가진 '마인드의 힘'을 우리는 먼저 인정해야 한다.

삶이 달라지길 원한다면 '생각의 유전자'를 바꿔라. 당신을 둘러싼 시간, 사람, 공간 등 모든 자원을 활용하여 부의 마인드를 뼛속까지 새겨라. 이 과정을 거치지 않는다면 성공은 요원하며, 운이 좋아 부를 이룬다 하더라도 머잖아 사라질 거품에 불과하다.

왜 일할수록
가난해지는가

전략이 빠진 인생은 미래의 시간을 당겨서 쓰게 한다. 당장의 자본금이 부족하면 현재의 시간을 희생하는 과정이 물론 필요하다. 하지만 오로지 희생만 반복하면 시간으로부터의 자유는 점점 멀어진다. **시간은 결코 열심히만 일하는 사람의 편이 아니다.** 그 방법을 모르고 몸과 시간을 올인할 바에야 차라리 워라밸을 챙기고 소소한 행복을 추구하면서 사는 편이 낫다.

몇 년 전 신문 기사에 '146번 버스, 15분만 당겨주오'라는 기사가 실렸다. 146번은 새벽 4시 5분 서울 상계동에서 출발해 강남역까지 운행하는 시내버스다. 서울 시내 300개가 넘는 버스

노선 가운데 유일하게 첫차가 세 대나 동시에 출발하는 버스인데도 매일 만원 상태로 강남까지 달린다. 주요 탑승객은 주로 고층 빌딩이 즐비한 강남 오피스에서 근무하는 빌딩 청소부, 경비원, 건설 노동자 들이다. 한국에서 가장 부지런한 사람들이라 할 만하다.

당시 국무총리가 오전 4시 5분 출발하는 첫차를 타고 강남까지 동행하며 애로 사항을 청취했는데, 버스에 탔던 승객들은 총리에게 버스 출발 시간을 지금보다 15분 더 앞당겨달라는 부탁을 했다. 사무직 직원들이 출근하기 전에 빌딩 청소를 마쳐야 하는데 항상 시간이 빠듯해서 정류장에 내리면 빌딩까지 뛰어야 한다는 것이었다. 결국 총리는 그 요청을 받아들였고, 승객들은 환호했다.

노동에 대한 대가가 낮을수록 더 많은 시간을 일하게 된다. 반대로 노동에 대한 대가가 높을수록 더 적은 시간을 일한다. 자본주의사회는 **적게 일하는 사람이 더 많은 돈을 가져가는 세상**이라는 걸 받아들여야 한다.

노동의 대가가 낮으면 그만큼의 시간을 더 투자해서 돈을 벌어야 물가 상승 속도를 그나마 따라갈 수 있다. 그래서 경제적으로 여유가 없는 사람들일수록 더욱더 시간적 여유가 없다. 그들에게 성실은 가장 중요한 미덕이고, 그 미덕을 자식들에게 유전자로 고스란히 물려준다. 조직에서 우직하게 일하면 언젠가 좋은 날이 올 것이라는 공허한 말을 되풀이하며, 여전히 시간을 앞당겨 '더' 일한다.

시간을 갈아 넣어 만든 돈을 자본화하지 않으면 돈은 순식간에 사라진다. 상계동에서 새벽부터 일어나 강남에 출근해서 밤늦도록 일하며 아무리 돈을 안 쓰고 모아도, 상계동과 강남의 집값이 벌어지는 속도를 따라잡을 수 없으니 말이다. 집이 노후될수록 냉난방비가 더 들듯이, 우리 몸도 노동을 많이 하는 만큼 아픈 곳도 더 많아진다. 어렵게 벌어서 새어나가는 돈이 그만큼 늘 수밖에 없다.

따라서 **돈이 없는 사람일수록 '쌓이는 돈의 흐름'을 만들어야 한다.** 이렇게 만든 돈의 흐름이 궁극적으로 미래의 경제적 여유와 시간적 자유를 가져다줄 수단이 된다. 애석하게도, 이 공부를 적극적으로 하는 사람들 중엔 경제적으로 여유가 있는 쪽이 압도적으로 많다. 더 절실히 필요한 사람들보다 여유 있는 사람들이 더 배우니, 정보와 가능성의 격차도 곱절로 벌어진다. 부의 격차는 그렇게 더 심화된다.

피라미드는 당신을 위해
존재하지 않는다

자본주의에서 승리하는 데 가장 기본이 되는 것은 무엇일까? 그건 바로 '나', 즉 자아를 인지하는 능력이다. 그동안의 세상이 타인을 위한 삶이었다면, 이제는 모든 행위의 동기를 '나'로 집결시켜야 한다. 그렇게 할 때 얽혀 있던 세상의 모든 것이 순리대로 돌아가는 것을 깨닫게 되고, '돈'이라는 자원이 내 주변에 머무른다. 남을 위한 삶이 아니라 나를 위한 삶을 찾게 된다.

이 출발선에서 가장 중요한 건 있는 그대로의 나를 인정하고 존중하는 것이다. 아마 쉽지 않을 것이다. 무리 속에서 자신의 위치를 파악하려는 습성은 내재된 유전적 본능의 영향도 있지만, 사회화 과정을 통해 학습된 영향이 더 크다.

우리가 사는 세상은 언제나 모두에게 동등한 기회가 주어지지 않았다. 사회가 정해놓은 성공이라는 목적지를 향해 가는 과정에서 항상 병목 현상이 일어난다. 만약 각자의 자리에 번호가 매겨져 있고 그 길을 다른 사람이 침범하거나 빼앗아가지 않는다는 룰이 있다면, 우리는 자신이 하고 싶은 일을 하며 자기만의 속도대로 인생을 즐길 수 있을 것이다. 하지만 불행히도 우리가 사는 세상의 룰은 그렇지가 않다. 생애주기별 데드라인이 정해져 있고, 시간이 지체될수록 기회가 줄어드는 구조로 정교화되어왔다. 열 개의 차선이 눈 깜짝할 사이 다섯 개로 줄어든다. 다섯 개로 줄어든 차선에 올라타면 이제는 인생의 여유를 즐기면서 자신만의 속도로 살 수 있을까? 그럴 리가. 또 다른 데드라인을 만나서 더 줄어드는 차선에 나 자신을 밀어 넣어야 살아남을 수 있다. 그렇게 주변을 경계하며 앞으로 나아가지 않으면 순위권에서 밀려나 도태되어버린다. 그러니, 부모들은 다른 아이들과 자식을 비교하면서 내 아이가 뒤처지지 않고 또래들보다 앞서 달리기를 바란다. 세상에서 가장 싫은 사람이 '엄친아'이지만, 인생의 '루저'가 되지 않기 위해 쉴 틈 없이 달려야 한다. 번아웃이 오지 않는 것이 더 이상한 노릇이다.

역사의 발전과 경제 성장을 위해 가장 효율적으로 만들어진 경쟁 피라미드 구조는 이렇듯 사람들에게 숨 쉴 공간을 허용하지 않는다. 이런 환경에서 어떻게 하면 남들과 비교하지 않는 여유로운 삶을 살 수 있을까? **어떻게 하면 나의 길을 피라미드 밖으로 빼내서, 나만의 속도로 나만의 성공 역사를 쓸 수 있을까?**

　결국은 자신이 왜 다수의 경쟁 사회를 스스로 선택했는가에 대한 질문을 던지는 것부터 시작해야 한다. 아마도 대부분의 사람은 그저 주어진 시간에 해야 하는 일에 최선을 다하면서 여기까지 왔다고 말할 것이다. 최선을 다한다는 것은 가치 있는 일이다. 하지만 지금까지와 조금 다른 변화를 원한다면, 세상에 대한 이해와 룰을 점검하고 자신에게 맞는 방식을 찾아 자기만의 게임을 시작해야 한다.

　피라미드 구조는 자본주의가 건재하는 한 앞으로도 굳건히 발전해나갈 것이다. '피라미드 구조의 세일즈 방식만큼 역사적으로 완벽한 것이 없다'는 말이 있을 정도로 경쟁 속에서 인간의 능력을 최대치로 끌어올리는 사회 시스템이기 때문에, 언제까지나 왼쪽의 피라미드 방식이 유지될 것이다.

이 책을 읽는 당신이 경쟁 피라미드 속에 있더라도, 오른쪽 그림처럼 모든 사람의 인생이 의미가 있고 소중하다는 생각을 갖길 바란다. 다른 사람과 나는 색이 다를 수밖에 없으며, 서로가 서로를 인정하고 이해해줄 줄 알아야 한다. 자기만의 속도로 자본 게임에 참여하며 어제보다 더 성장한 오늘을 살아가는 사람들의 첫 번째 필수 덕목이다.

달리는 열차에서
내리다

결론부터 말하면, 진정한 부의 길로 들어서려면 계급 경쟁사회를 벗어나야 한다. FM대로 살아온 사람일수록 이 말이 낯설 수도, 당황스러울 수도 있다. 그런데 이건 사실이다. 나도 이 사실을 깨닫는 데 너무 오랜 시간이 걸렸다.

앞에서 언급했듯 나는 초등 2학년이 될 때 혼자 서울로 유학을 왔다. 부모님은 지방 출신의 고졸이셔서 자식이 당신보다 더 나은 삶을 살게 하기 위해 '서울' 그리고 '일류대 졸업'을 가장 중요한 성공 지표로 삼았다. 인 서울 일류대에 입학하면 좋은 기회가 온다, 딱 거기까지였다. 어린 마음에 부모님의 기대에 부응하고 싶어 나는 열심히 공부했다. 학교 시험 전날이면 어김없이 아팠는데, 지금 생각하면 심리적 압박감이 상당했던 것 같다. 다행히 계속 상위권 성적을 유지했고 부모님의 바람대로 일류 대에 입학했다. 20대까지 부모님과 사회가 알려준 '피라미드 테크트리'를 타고 있다고 안심하고 좋아했다. 내가 어떤 일을 해야 행복한지 모른 채 그저 주변 어른들이 알려준 길을 묵묵히 열심히 걸었다. 그 길을 충실히 걷다 보면 혹시라도 부자들 틈에 낄 수 있지 않을까, 하는 막연한 희망도 품었다. 좋은 대학에 입학했으니 나의 경쟁 순위도 매우 높아졌다고 생각했고, 졸업하고 대기업에 취직하는 선배들을 보면서 그 길만 따라가면 잘 살 수 있을 거라 믿었다. 양복을 잘 차려입고 후배들을 위해 멋지게 카드를 긁는 선배들이 부자처럼 느껴졌다. 당시 나의 유일한 부자 멘토는 대기업 입사에 성공해서 몇백만 원 월급을 받아 쓰는 학교 선배들이었다.

부모님이 바라는 모습, 똑똑한 학교 선배들이 선택한 길이었기에 그 길이 성공으로 가는 절대적 로드맵이라고 신봉했다. 도서관에서 취업 준비를 하지 않고 밖으로 돌거나 사업을 하겠다고 겉도는 동기들을 보면 '인생 포기한 루저'라고 여기며 속으로 혀를 찼다. 나와 친구들은 최대한 큰 피라미드에 들어가려고 머리를 싸매고 공부하고 경쟁했다. 그때는 내가 속한 피라미드가 크면 클수록 게임의 승자가 되기 어렵다는 사실을 꿈에도 알지 못했다. 거대한 피라미드에 들어갈수록 되돌아가기 어렵다는 것도 몰랐다. 내가 가는 길이 가장 안전하다는 굳건한 믿음에 금이 간 사건은 그리 오래지 않아 일어났다.

1999년 2월, 외환위기 후폭풍이 무섭게 몰아치던 해에 나는 대학을 졸업했다. '종신 고용'이라는 개념은 온데간데없는, 대기업들도 서슬 퍼런 칼날을 품고 구조조정의 칼춤을 추던 시기였다. 취업 준비생의 현실은 한겨울 살을 에는 바람보다 매서웠다. 초등학교 2학년 때부터 좋은 대학에 입학해서 대기업에 취업하는 것이 유일한 성공의 길이라고 알고 달려왔던 나에게 IMF라는 예기치 못한 위기는 그동안의 노력을 수포로 돌리기에 충분했다. 그때 알았다. 개인의 노력이 국가적 위기 앞에서 얼마나 부질없이 무너지는지. 나중에 알았지만 그건 비단 한국만의 문제가 아니었다. 전 세계 글로벌 경기 사이클에서 거쳐 가는 하나의 구간이었다는 것을, 그리고 준비된 누군가에게는 그 시기가 저평가된 우량한 부동산과 주식을 싸게 매입할 절호의 기회였다는 사실을 시간이 한참 흐른 뒤에야 깨달았다.

어찌어찌 천신만고 끝에 기적처럼 취업에 성공했다. 이때가 내가 대한민국 사회에서 학벌 혜택을 받은 처음이자 마지막 순간이었다. 취업에 성공했을 때, 나는 다시 성공 테크트리에 올라

탔다고 안도의 한숨을 내쉬었다. 사업으로 이른 나이에 자수성가한 고등학교 동창을 만나도 내가 선택한 길이 더 안전할 것이라고 생각했다. 옳다고 믿었던 인생 로드맵을 부정하는 것이 그때는 가장 두려웠다.

현대병과 함께 온 인생 최대의 위기

직장에 취직하는 것은 달리는 열차에 올라타는 것과 같다고 나는 생각한다. 나를 포함해서 대부분의 현대인들은 직장 열차에 올라탄다. 다른 대안이 없기 때문이기도 하다. 정해진 시간에 출근하고 퇴근하는 삶을 살면 시간이 매우 빨리 지나가는 느낌을 받게 된다. 반면 시간적 통제를 받지 않는 사람이 체감하는 시간의 속도는 현저히 느리다. 그래서, 통제된 시간은 달리는 열차와도 같다고 말하는 것이다.

달리는 열차의 승객들은 좀 더 나은 앞 칸으로 좌석을 업그레이드하는 데 집중한다. 한 번도 가보지 못했던 일등석을 막연히 동경하며 하루하루를 살아간다. 달리는 기차에서 내리는 행위는 매우 위험하다고 믿는다. 그리고 열차는 달리다가 연료가 부족해지거나 고장 난 열차 칸을 버려야 할 경우, 승객들을 대거 하차시킨다. 남은 승객들은 그 명단에 들지 않기 위해 권력자의 눈치를 보고 더 노력한다. 하차 승객 명단에서 제외되면 이번에도 잘 넘어갔다고 안도의 한숨을 내쉰다.

그런데, 스스로 원해서 들어왔고 계속 이 열차를 타고 가고 싶으면서도 왜 사람들은 매일같이 불안에 시달리는 것일까? 우울증, 화병, 불면증, 만성피로, 공황장애. 이제 새삼스럽지도 않은 이 심리적인 증상들을 모두 통틀어 나는 '현대병'이라고 부른다. 발현되는 정도가 다를 뿐, 현대를 살아가는 직장인 대부분이 잠재적 현대병 보균자라고 생각한다. 나는 그 원인의 상당 부분이 인간이 시간에 통제당하면서 본연의 인간성을 서서히 상실한 데 있다고 본다. 과거의 내가 그랬다.

지금은 완전히 회복했지만 30대 초중반 내내 나는 극심한 우울증에 시달렸다. 그 시절 찍은 사진을 보면 피골이 상접하여 얼굴은 해골 같고 눈동자는 초점을 잃어 죽어 있다. 178센티가 넘는 키에 몸무게가 60kg도 되지 않았다. 식욕도 없거니와 먹으면 먹는 대로 토해냈다.

스스로 평가하기에 나는 사회화가 철저하게 잘된 사람이었다. 유교를 중시했던 집안에서 태어나 부모님으로부터 사람의 법도와 예의범절에 대해서 귀에 딱지가 앉도록 들었고, 한 번도 그 뜻을 거스르지 않았다. 고생 끝에 보답이 올 거라 믿었건만 대학은 나에게 어떠한 안정감도 주지 못했고, 좋은 직장에 들어가기 위한 중간 과정에 불과하다는 것을 깨달았다. 내 인생의 주인은 내가 아니었다.

IMF 외환위기를 뚫고 들어간 첫 직장은 여직원이 결혼하면 사표를 내야 하는 매우 비합리적이고 경직된 조직이었다. 해운회사였는데, 내가 속한 부서는 한국해양대 출신이 많아서 회사에서도 분위기가 무거운 부서 중 하나였다. 당시 신입 사원이었던 나의 자리는 맨 앞자리였다. 뒤를 돌아보면 계장이, 그 뒤에는 대리가, 그 뒤에는 과장이, 그 뒤엔 부장이 앉아 있었다. 맨 뒷자리 주인은 전무였다.

어느 날 자리에 앉아 몸을 돌려 뒤를 돌아보는데, 미래의 내 모습이 오버랩 되어 보였다. 나의 2년 후, 5년 후, 10년 후……. 언제부터인가 마음을 잠식했던 불안이 몸으로 나타났다. 심장이 점점 더 자주 불규칙하게 뛰기 시작했다. 그때마다 옥상에 가서 뻐끔뻐끔 담배를 피워댔다. 흡연실은 언제나 만원이었다.

취업했다고 기뻐했던 부모님의 기대를 외면할 수 없었다. 이제 와 무슨 다른 선택을 할 수 있을지 엄두도 안 났다. 그럴수록 내 증상은 점점 더 나빠졌고, 매일 새벽 땀으로 옷이 흠뻑 젖도록 뛰고 샤워한 뒤에 출근하는 루틴을 반복했다. 그러지 않으면 뛰는 가슴을 진정시킬 수 없었기 때문이었다.

그러던 어느 날, 너무나도 충격적인 경험을 했다. 여느 날처럼 담배를 한 대 피우고 화장실에 가서 볼일을 보는데, 내가 소변기가 아닌 파란색 플라스틱 쓰레기통에 소변을 보고 있는 것이 아닌가. 이쯤 되니 인정하지 않을 수 없었다. 나는 고장 나고 있었다.

동료들과 함께 점심을 먹을 때나 회식 자리에서도 사람들의 대화에 잘 끼지 못했다. 물에 뜬 기름처럼 흡수되지 못하고 계속 겉돌기만 했다. 어제와 같은 오늘의 일상이 반복되면 될수록 삶에 대한 의미도, 나의 존재 가치도 점점 희석되어가는 것을 느꼈고, 신경은 점점 쇠약해져갔다.

결혼도 하고 아이도 낳았으니 남들이 보기에는 더할 나위 없이 안정적인 삶이었을 것이다. 실제로 가끔 어떤 날엔 '그냥 이대로 살다 보면 그럭저럭 행복해지지 않을까' 기대하기도 했다. 하지만 불현듯 무섭게 불어닥치는 불안은 계속해서 나를 위협했다. 퇴근 후에 종종 인근 서점에 들러 인간관계, 처세에 관한 책을 사서 읽곤 했지만 끝내 해답을 찾지 못했다.

첫 회사 입사 2년 6개월 후, 나는 동기들이 한창 대기업으로 이직할 때 직원 수 열 명 남짓의 회사로 적을 옮겼다. 피라미드의 법칙을 완전히 역행한 셈이지만, 당시로서는 나름 고심한 선택이었다. 사람이 적으면 나의 증상이 나아지지 않을까. 그러나 기대는 무참히 부서졌다. 그곳에서도 1년을 버티지 못하고 퇴사했고, 결국 나는 스스로에게 '조직 부적응자'라는 낙인을 찍었다. 그리고 30대 초반 어린 나이에 아무 준비도 없이 사업에 뛰어들기로 했다. 다른 선택은 없었다.

내가 자발적 가난을
선택한 이유

『세이노의 가르침』을 보면 자식에게 가난을 선물해주라는 말이 나온다. 나는 이 책을 읽기 한참 전에 그걸 실행했다. 의도한 건 아니었다.

퇴사 후 한동안은 동굴 속에서 살았다. 어떻게 살아야 할지 앞으로의 길이 막막했다. 설상가상 2008년 금융위기 시기 고점에 샀던 아파트로 벌어놓은 돈도 점점 줄어들고 있었다. 고민 끝에 나는 가족들에게 미안하기 그지없는 결정을 내렸다. 아내와 아이들이 만족하는 신축 아파트 생활을 포기하기로 한 것이다. 당시 투자를 위해 자본금을 최대한 모으고 있던 시기였고 벌이가 부족했기에 신축 아파트에 거주하는 건 사치라고 판단했다. 서울을 비롯한 수도권 부동산 시장의 긴긴 침체기 끝에 막 상승장이 온 때이기도 했다.

우리는 당시 지하철도 들어오지 않는 경기도 외곽의 오래된 빨간색 벽돌의 전세 6700만 원짜리 단독주택으로 이사했다. 금리가 상당히 낮은 시기여서 전세자금대출을 최대 한도로 받아도 월세보다 저렴했다. 그렇게 거주하는 집에 깔고 있는 돈을 최소화하면서 자본 게임에 총공세를 펼치는 전략을 선택했다. 아내가 내 뜻을 전적으로 지지해줬기에 가능했던 선택이다. 덕분에 어린 아들과 딸은 처음으로 가난을 경험했다. 반지하가 아닌데도 겨울이면 벽으로 바람이 숭숭 들어오고 여름이면 옥상의 열기가 집 안 가득 들러붙는 집이었다.

한번은 초등학교 저학년이었던 아들이 방이 너무 추워 거실에 있던 LPG 난로를 자기 방으로 끌고 들어가서 켜놓았다가, 의자에 걸쳐두었던 외투에 불이 옮겨 붙어 큰 화재가 날 뻔한 적도 있었다. 실내에 있어도 입김이 나고 손이 곱을 정도로 추운 그 집을 첫째 아들은 지금도 생생히 기억한다. 그 때문인지 지금의 아들은 물건이나 서비스를 선택할 때 가성비를 가장 중요하게 여긴다. 가격 대비 너무 비싸면 선택하지 않고, 언제나 가격 대비 만족도가 높은지를 꼼꼼히 따진다. 아마도 어린 나이에 겪었던 가난의 기억이 준 선물일 것이다. 그때의 경험과 기억이 두 고두고 특별하고 단단한 자산으로 남은 건 비단 나뿐만이 아닌 것이다.

회사를 막 그만뒀을 때 나는 오랫동안 나 자신을 문제아라 고 생각했다. 남들 다 하는 조직 생활에 적응하지 못하는 나를 원망하고 미워했다. 다른 사람에 비해 사회화의 부작용에 더 예 민해서 나타난 지극히 정상적인 증상이었다는 걸 그때는 알지 못했다. 그리고 그런 예민한 반응이 나에게 꼭 필요한 변화를 시 도할 동기부여가 되었다는 것 또한 시간이 한참 흐른 뒤에야 깨 달았다.

사람은 누구나 편안함을 추구하려는 본성이 있어서 환경이 바뀌지 않으면 행동을 쉽게 바꾸지 않는다. 만약 당신이 나락으 로 떨어졌다 싶을 만큼 경제적·심리적 절망을 경험하게 된다면, 인생을 바꿀 기회를 남들보다 먼저 얻었다고 생각하기 바란다. 기회를 기회로 보지 못하고 한탄만 해서는 아무것도 달라지지 않는다.

변화가 두려워 당장의 안정만을 추구한다면 내일은 오늘과 같을 수밖에 없다. 혹은 변화를 원하면서 그 변화를 위한 투자를 망설이는 것만큼 모순적인 꿈도 없다. 변화와 성장은 두 가지에서 온다. 진정한 절실함, 손실본능을 극복하는 용기. 지금 내가 편안하게 누리는 것들을 양손에 가득 쥔 상태에서는 다른 무언가를 집어 들 수 없다. 한 손을 비워야 더 나은 선택을 할 기회가 주어진다.

물론 절실하게도, 치열하게도 살고 싶지 않고 그저 지금 그대로만 유지하며 살고 싶다면 그렇게 사는 것도 괜찮다. 단 지금의 행복을 죽을 때까지 유지할 수 있다는 확신이 있다면 말이다. 살아가면서 부딪히는 여러 가지 변수와 위기 속에서도 그 행복을 유지할 시스템을 이미 만들어놓았다면, 당신은 이미 자본주의사회의 승자다. 그렇지 않다면 세상이 당신을 호락호락하게 내버려두지 않을 것이다.

일생에 한 번쯤은 절실함 속에 당신 자신을 온전히 내던져보길 바란다. 목표를 단순화하고 명료화하라. 스스로 내면의 실력을 쌓으며 주위에 크게 말하라. 꾸준히 나아가라. 운명은 분명히 응답할 것이다.

순응할 것인가,
개척할 것인가

'사회화'를 정의하자면 기능론적 관점과 갈등론적 관점으로 나눌 수 있다. 기능론적 관점에서 사회화는 사회구조의 안정과 질서를 유지하기 위해 필요한 과정이다. 반면, 갈등론적 관점에서 보면 기득권을 가진 집단이 자신들의 지배 체제를 유지하기 위해 그들에게 유리한 이데올로기를 학습시키는 과정이다.

심리학자들이 '사회화'라는 용어를 사용할 때, 그것은 어린이들이 사회가 요구하는 대로 생각하고 행동하도록 훈련시키는 과정을 의미한다. 즉 사회구조의 안정과 질서를 유지하기 위해 어린이집에서부터 아이들을 교육하는 것은 기능론적 사회화가 이루어지는 과정인 동시에, 아이들이 자기만의 색깔을 잃어버리는 과정이기도 하다. 특히 사회가 원하고 강조하는 것을 지나치게 수용하는 사람은 자라면서 점점 더 정체성을 잃어간다.

사회화의 과정에서 가장 중요한 것은, 함께 공동체를 이루고 살아가는 사람들에게 피해를 주지 않고 각자가 추구하는 행복의 방향성에 따라 독자적 방식으로 살아가는 것이라고 나는 생각한다. 그런데, 사회화가 정도를 지나치면 지배층의 이데올로기를 주입시키는 수단이 되어버린다. 개인의 성향에 따라 그 정도의 차이는 다르겠지만, 시간을 늘리고 강도를 높이면 아무리 자기 생각이 강한 사람도 영향을 받지 않을 수가 없다.

현대사회를 살아가는 인간은 원하면 언제 어디에서 무엇을 해도 되는 자유를 갖고 있다. 그런데 왜 서울, 런던, 뉴욕, 파리, 도쿄 등 거대 도시들에 사는 사람의 상당수는 아침 9시부터 오후 6시까지 정해진 곳에 출근하고 퇴근하는 삶을 계속 반복하는 걸까? 마치 파블로프의 개처럼 누군가 인간에게 보이지 않는 끈이라도 묶어둔 걸까?

인정하자, 우리의 선택에는 분명 강제성이 없었다. 좋은 대학에 들어가고 싶어 열심히 공부한 것도, 좋은 회사에 들어가고 싶어 부지런히 스펙을 쌓은 것도 모두 자발적인 선택이었다. 입사 합격 소식을 들었을 때 세상을 다 가진 것처럼 환호하지 않았던가.

회사는 당신을 구속하고 있는 것이 아니다. 당신이 적극적으로 원서를 쓰고 면접을 보고 간절하게 합격을 바란 선택지였다. 그럼에도 왜 우리는 통제당하면서 살고 있다는 느낌을 지울 수 없는 걸까? 왜 기를 쓰고 촘촘한 시간의 톱니바퀴 속으로 치열한 경쟁률을 뚫고 들어가려고만 하는 걸까? 도대체 왜, 시간을 스스로 통제할 수 없는 걸까? 시간을 통제할 수 없다면 산업혁명 시기의 공장 노동자와 현대 고급 노동자의 차이가 도대체 뭘까?

나는 이 모든 것의 원인이 과도한 사회화 때문이라고 생각한다. 그 길이 옳다고 다수의 사람이 이구동성으로 말하니 고민하지 않고 따라 걸어가게 되는 것이다. 가정과 학교 및 사회에서 복합적으로 이루어지고 있는 과도한 사회화는 인간을 시간의 노예로 만든다. 나는 당신이 성실하고 부지런한 순응자가 아니라, 새로운 룰을 만들어 세상을 주도하는 개척자로 살아가길 바란다.

답은
대중 밖에 있다

경쟁이 심화될수록 해답은 주변 환경이 아니라 나 자신에게서 찾아야 한다. 다수의 사람이 모인 군집 속에서 환경에 영향받으면 문제의 본질을 파악하기 어려울 수 있기 때문이다. 이는 자존감과 밀접한 관계가 있다. 사람들은 대부분 자기 능력을 평가 절하하는 경향이 있다. 겸손한 것은 좋지만, 자신을 지나치게 낮추는 것 또한 성장에 악영향을 끼친다.

만약 지금 '나는 이뤄놓은 게 없다'라고 생각한다면 『초역 니체의 말』에 나온 다음 문구를 기억하기 바란다.

자신을 대단치 않은 인간이라 폄하해서는 안 된다. 그 같은 생각은 자신의 행동과 사고를 옭아매려 들기 때문이다. 오히려 맨 먼저 자신을 존경하는 것부터 시작하라. 아직 아무것도 하지 않은 자신을, 아직 아무런 실적도 이루지 못한 자신을 인간으로서 존경하는 것이다. (…) 그렇게 자신의 삶을 변화시키고 이상에 차츰 다가가다 보면, 어느 사이엔가 타인의 본보기가 되는 인간으로 완성되어간다. 그리고 그것은 자신의 가능성을 활짝 열어 꿈을 이루는 데 필요한 능력이 된다. 자신의 인생을 완성시키기 위해 가장 먼저 스스로를 존경하라.

새로운 일에 도전할 때마다 나는 이 문구를 읽고 또 읽는다. 아직 성장의 경험이 없는 사람도, 성장의 경험을 하고 다음 단계로 넘어가는 사람도 항상 이 말을 명심하길 바란다. 당신이 경쟁 피라미드 구조 속에 있다고 하더라도, 그 피라미드 위로 올라가고 싶거나 그 바깥의 세계를 경험하고 싶다면 제일 먼저 새로운 목표를 향해 나아가려는 당신 자신을 인정하고 존중하는 것부터 시작해야 한다. 스스로를 믿지 못하는데 무슨 시도를 할 수 있겠는가. 시도한다 하더라도 자신을 의심한 만큼 일은 잘 진행되지 않고 흐지부지되기 쉬울 것이다.

군중 속에서 비교하고 비교당하던 생각의 습관에서 벗어나

자. 뭐 하나 제대로 이룬 것 없는 초라한 존재로 인식되더라도, 자신을 있는 그대로 받아들이고 존중하는 마음을 가져야만 지금 이 순간을 스타팅 포인트로 삼을 수 있다. 스스로에 대한 믿음과 확신이 없다면 그 어떤 좋은 책을 읽는 것도, 강의를 듣는 것도 시간 낭비에 돈 낭비다.

단독자가 되어라

현대인은 자신의 자유와 주체성을 버리고 집단 속에 묻혀 자기를 잃어간다. 그 전체, 즉 집단의 반대편에 서는 존재를 키에르케고르는 '단독자'라고 칭했다.

'단독자'란 키에르케고르가 제시한 실존 철학에서 언급된 용어다. 나는 이를 다수의 사람, 즉 대중과 다른 생각, 다른 행동을 하는 사람이라고 해석한다. 그리고 이는 실존의 개념을 넘어서서 현대 자본주의사회에서 승자가 되기 위해 가져야 할 첫 번째 덕목이라 생각한다. 현실에서 이들은 지극히 소수이며, 세상의 부를 소유할 기본 자질을 갖춘 존재들이다.

동물의 세계에서는 무리에서 벗어나는 것이 위험한 일이다.

특히 초식동물일수록 무리 속이 가장 안전하다. 그런데 먹이사슬 최고 포식자가 된 인간은 고도화된 산업사회 속에 살아가면서도 여전히 무리 본능의 유전자를 간직하고 있다. 소수의 선택보다 다수의 선택을 따르는 습성을 갖고 있다. 답이 명확히 정해진 학습의 영역에서는 다수의 선택이 답일 확률이 높지만, 야생의 자본주의 생존 세계에서는 무리 본능을 벗어날 때 일과 자산에서 자신의 이름을 새긴 피라미드를 구축할 수 있다.

내가 군에 입대를 하기 전날 아버지는 "훈련을 받을 때 집합하라고 하면 절대 맨 앞에 서거나 뒤에 서지 말고, 최대한 가운데에 서라"라고 알려주셨다. 당시는 구타가 심했던 시절이었기에, 매를 덜 맞기 위한 아버지만의 군대 생존 노하우를 아들에게 전수해준 것이었다. 그 이후 직장 생활을 할 때도 아버지는 절대 남의 눈에 튀는 행동을 하지 말고, 무리 속에서 다수의 호흡에 리듬을 맞추며 살라고 가르치셨다. 그렇게 난 무리 속에서 눈에 띄지 않는 다수로 살아가는 것이 안전한 생존 전략이라고 배우고 자랐다. 무리 속에서 기회를 엿보는 것이 낮은 확률이지만 혹시 올지 모를 성공이라는 녀석을 맞이할 기본자세라고 생각했다. 주변에 부자가 없었기에 내가 부자가 될 수 있다는 생각은 거의 하지 못했다. 그렇게 살다 보니 자존감은 적당히 있었고, 아버지 말씀대로 큰 위험에 노출될 확률이 낮았으며, 딱 중간 정도의 삶을 살아갈 수 있었다. 그러나 마음속엔 항상 불안이 도사리고 있었다.

라이프 코칭 인터뷰를 할 때 자신이 성공한 삶을 살고 있다고 답한 이들의 대부분은 제일 먼저 **'무리 본능'을 벗어던진 사람들**이었다. 즉, 무리 속에 있다고 하더라도 단독자의 기질을 기르기 위해 계속 노력하는 사람일수록 성공할 확률이 빠른 속도로 높아진다는 걸 의미한다.

사람들은 부자가 되려는 것을 '욕심'과 동일시하는 경향이 있다. 우리 사회의 소수를 차지하는 부자들은 돈밖에 모르는 욕심을 부리는 사람이고, 자신이 그런 욕심을 부리는 순간 반대급부로 자신이 갖고 있는 것들을 잃게 될까 두려움을 갖는다. 이렇듯 현재 가진 것을 잃지 않으려는 본능은 무리 속에서 벗어나는 두려움을 영영 극복하지 못하게 만든다. 단독자의 삶을 살아가기 위해서는 이 같은 본능이 가린 안대를 벗어던져야 한다.

무리 본능에서
벗어나는 연습

무리 본능을 버리라고 해서 당장 다니던 직장을 관두라는 말로 오해하지 말길 바란다. 큰 피라미드 조직에서도 단독자의 자질을 발휘하는 사람들이 있다. 또 그런 사람이 많을수록 그 조직은 빠르게 성장한다.

먼저 자신의 현재를 객관적으로 파악해보자. 당신의 과거부터 현재까지를 인생 그래프로 그려보는 것이다. 시기별로 당신과 당신의 일상에 가장 큰 영향을 준 상황이나 시도, 사건을 기록하는 것이 포인트다. 구체적이면 구체적일수록 좋다.

유체이탈을 한 듯 당신의 자아를 육체와 분리해서, 당신의 육체가 보내는 하루 24시간을 쫓아가며 관찰하고 기록해본다.

인생 그래프 예시

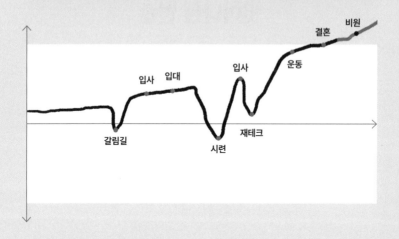

갈림길(17세)	진로에 대한 본격적인 고민이 시작됨.
입사(20세)	가정형편이 어려워 학업보다 취업에 매진. 걱정과 달리 빠르게 중소기업에 합격하며 사회에 첫발을 내딛음.
입대(21세)	반복되는 업무에 회의감을 느끼고 퇴사를 결심, 이후 입대. 군에서 인생에 대해 가장 많은 고민을 함.
시련(24세)	전역 후 연이은 취업 실패. 친구 추천으로 시작한 코인 투자에서 큰 손실을 입고 실의에 빠짐.
입사(25세)	자격증을 취득한 후 원하던 조건의 회사에 입사.
재테크(27세)	투자 손실을 극복하기 위해 틈틈이 부동산과 주식 공부를 시작함.
운동(29세)	아내와 결혼을 약속하고 함께 PT 등록. 운동을 시작하면서 마음과 일상이 눈에 띄게 건강해짐.
결혼(30세)	인생에 대한 책임감이 완전히 달라진 해.
비원(32세)	본격적인 투자 공부를 위해 비원아카데미 강의를 수강. '경제적 자유'라는 목표를 처음으로 마음에 품음.

제삼자의 눈으로 당신을 관찰하고 기록하는 것이다. 내가 운영하는 비원 모임에서는 '스픽 마이 셀프Speak Myself'라는 프로그램으로 자기 객관화 작업을 한다.

자신의 삶을 객관적으로 판단하는 지표 중의 하나가 자신이 참여하는 모임이다. 라이프 코칭 인터뷰를 할 때 나는 그 사람이 현재 참여하고 있는 오프라인 모임 및 온라인 단톡방이 몇 개이며, 어떤 종류의 모임인지를 물어본다. 모임의 수는 중요하지 않다. 그 모임의 성격과 참여하는 사람들의 행동 동기에 따라 성장의 가능성이 달라진다. 한마디로, 단독자의 기질을 가진 사람들과 보내는 시간이 많아질수록 성공 가능성이 높아진다.

단독자의 기질을 가진 사람들

1. 매사 능동적으로 행동한다. 문제가 발생했을 때 스스로 그 문제를 어떻게 해결할 것인가에 초점을 맞춰 대화한다. 이들은 예언자가 아닌 대응 능력이 뛰어난 사람들이다.

2. 소비보다 생산에 초점을 맞춘 대화를 나눈다. 자신이 속한 경쟁 피라미드 속 사람들의 이야기만 하지 않고, 그 바깥 세

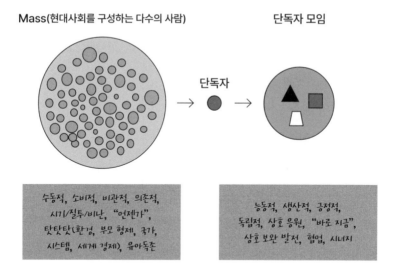

Mass(현대사회를 구성하는 다수의 사람)　　　　단독자 모임

단독자

수동적, 소비적, 비관적, 의존적, 시기/질투/비난, "언젠가", 탓탓탓(환경, 부모 형제, 국가, 시스템, 세계 경제), 유아독존

능동적, 생산적, 긍정적, 독립적, 상호 응원, "바로 지금", 상호 보완 발전, 협업, 시너지

계에서 경험한 일과 자산 이야기를 주로 한다. 성장을 위한 노력에 대해 아낌없는 응원과 칭찬의 말을 건네고, 실패했더라도 지속적인 도전을 지지하는 말을 한다.

3. 기약 없는 다짐이나 약속을 하지 않는다. '다음에'라는 말 대신 '지금'이라는 말을 자주 사용한다.

4. 남 탓을 하지 않는다. 실패의 원인을 환경으로 돌리지 않고 철저히 복기하며 자신에게서 원인을 찾는다. 모든 순간 세상의

중심에 '나'를 놓고 좋은 수를 두기 위해 노력한다.

일상에서 단독자의 기질을 갖추기 위한 연습으로, 나는 일상 속의 관성을 조금 덜어내는 연습을 해보기를 추천한다. 혼자서 익숙한 곳이 아닌 낯선 곳을 한번 가본다. 낯선 공간 속에 자신을 던져 넣고 혼자 밥을 먹고 생각하며 돌아다녀보는 것이다. 오롯이 혼자 보내는 시간 속에서 스스로를 새롭게 자각하고 친해지는 시간이다. 평일 하루는 연차를 내고 출근 시간에 지하철역에서 쏟아져 나오는 직장인들과 반대 방향으로 걸어보자. 강남역, 광화문역과 같이 출근 인원이 많은 곳이면 더 좋다. 묘한 기분이 들 것이다. 사소하고 별것 아닌 것 같지만 '집단 속의 나와 이별하는 연습'으로 내가 추천하는 방법이다.

무리에서 역행할 용기는 부동산이나 주식 투자에서 성공적인 매수·매도의 톱 시크릿이다. 이런 자질은 일상에서의 꾸준한 연습으로 체득해야 한다.

투자 시장에서 매수 심리는 부동산이나 주식을 구매하려는 심리의 정도, 매도 심리는 그것들을 판매하려는 심리의 정도를 나타낸다. 다음 페이지의 그림은 다수의 사람, 즉 군중 심리를 나타낸 그래프다. 사려는 사람이 없고 팔려는 사람은 많은 A 시기에는 팔려는 사람들에게 경쟁을 붙여 좋은 물건을 싸게 살 수

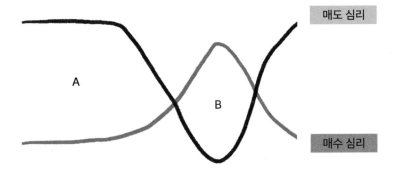

있다. 그런데 다수의 사람은 이 시기에 손실이 날까 두려워 절대 사지 못한다. 이럴 때 다수와 반대 방향에서 소수의 선택을 할 줄 아는 사람이 결국에는 이긴다.

B 시기는 어떤가? 사겠다는 사람은 줄을 섰고 팔겠다는 사람들은 하루가 다르게 오르는 가격에 물건을 거두어들일 뿐 아무도 팔려고 하지 않는다. 이때 당신이 시장에 내놓을 자산이 있다면 어떤 선택을 하겠는가? 만일 그 자산이 매도 목적의 자산이고 매수 시 목표한 가격에 도달했다면 호가를 올리면서 단호하게 매도해야 한다. 하지만 이 경우에도 대부분 무리의 본능에 휩싸여서 쉽게 자산을 내놓지 못한다. 투자의 초보일수록 바닥에서 사고 꼭지에서 팔려는 무리한 욕심을 부린다.

부자가 되는 결정력은 군중 심리에서 멀리 떨어져 나와야만 가질 수 있다. 일단은 내일부터 무리 본능에서 벗어나는 노력을 의식적으로 연습해보길 바란다. 세상을 바라보는 당신의 관점을 바꾸는 시발점이 될 것이다.

1의 게임을 하라

자본주의사회를 정의하는 말로 나는 '1 대 다수의 게임'이라는 표현을 가장 자주 쓴다. 우리는 잠자는 시간을 제외하면 거의 모든 시간 이 게임에 플레이어로 참여하고 있다. 사람에 따라 1의 게임을 하기도 하고 다수의 게임을 하기도 한다. 가령 우리가 스마트폰을 구매하고 사용할 때 삼성과 애플은 우리를 상대로 1의 게임을 하는 것이다. 모두가 1의 게임만 하면서 살 수는 없다. 우리가 직접 스마트폰을 만들어서 사용할 순 없는 노릇이니 말이다. 현대사회에서 다수의 게임은 필수 조건이다. 다만, 당신이 참여하는 일과 자산 시장에서 최소 한 분야에서만큼은 1의 게임을 할 줄 알아야 한다.

평소의 일상을 한번 되짚어보자. 여유로운 주말에 혼자서 집에 있다. 무얼 하며 시간을 보내는가? 대부분 스마트폰으로 좋아하는 유튜브 채널을 보거나, 어플을 다운받아 게임을 하고, 쿠팡이나 아마존에서 제품을 구매하고, 에어비앤비에서 다음 휴가 때 떠날 만한 숙소를 검색하고, 넷플릭스에서 드라마와 영화를 본다. 그 시간을 평일 내내 고생한 자신을 위한 선물이라고 생각하고 '휴식'을 취했다고 착각한다. 세상에서 동떨어져 혼자만의 자유를 누렸다고 만족한다. 하지만 그 여유로운 시간에도 당신은 '소비자'로서 다수의 자본 게임에 참여하고 있는 것이다.

당신이 휴식하는 동안 당신이 시청한 유튜브 운영자는 광고 수익을 얻는다. 사람들이 '좋아요'와 구독 버튼을 누를 때마다 그의 수익은 성장한다. 즉, 유튜버는 1의 게임을 하면서 다수의 구독자를 키우는 게임을 하고, 시청자인 다수는 1이 성장하고 돈을 버는 데 자신의 시간을 퍼준다. 우리가 즐겨 보는 OTT나 무형의 모든 콘텐츠가 이 게임의 투자처다.

문명을 완전히 등지고 100% 자연인으로 살지 않는 한 우리는 1 대 다수의 게임에서 벗어날 수 없다. 이 책의 저자인 나도 지금 1의 게임을 하고 있는 것이다. 독자가 늘수록 저자와 출판사는 수익을 얻을 것이고, 책을 통해 나의 인지도가 쌓이면 다른 소득이 늘어나면서 부가가치가 따라온다. 좀 더 노골적으로 얘기하면, 당신이 이 책을 읽고 나서 1이 되는 시도를 전혀 하지 않는다면 당신은 돈과 시간을 생으로 나와 출판사에 헌납한 셈이 된다. **나는 이 책이 당신에게 일회성 소비가 아닌 효율성 최상의 투자로 기억되길 바란다.**

누가 1이 되는가

라이프 코칭 인터뷰를 할 때 나는 '지금까지 1의 게임을 해 본 경험이 있는지' 꼭 물어본다. 1은 사람일 수도 있고, 상품일 수도 있으며, 회사일 수도 있다. 실제로는 이 질문을 제대로 이해하지 못하는 경우가 대부분이다. 이해를 했다고 하더라도, 1의 게임을 경험해보았거나 하고 있는 사람은 극소수다. 하고 싶어도 어떻게 해야 하는지를 잘 모르는 경우가 많다.

1의 게임을 하기 위해 가장 중요한 것이 무엇일까? 바로 '가치'를 높이는 것이 핵심이다. 가치를 높이면 '수요'와 '가격'은 자연스럽게 따라온다. 수요가 따라오면 1은 가격을 정하게 되고, 수요와 가격이 결합되어 수익이 창출되는 것이다. 그 가치를 어떻게 찾고 키우는지 구체적인 방법에 대해서는 뒤에서 자세히 다루겠다.

교활한 사기꾼은 단기간에 돈을 많이 벌기 위해서 수요를 거짓말로 꾸며낸다. 애초에 수요는 생산자가 만들고 싶다고 만들 수 있는 것이 아니라 사람들이 만들어내는 것이다. 즉, 제품이나 사람에 대한 신뢰와 믿음의 가치가 충분한 시간을 두고 숙성되어야 한다. 그런데 그럴 시간이 아깝고 능력이 부족하니 자신이 가진 것을 과하게 부풀려 거짓 수요를 내세우는 것이다. 설상가상 수요자가 가진 돈과 자산이 투입되면 엄청난 피해로 돌아와 결국 가진 것을 모두 잃게 된다. 가장 중요한 '가치'를 만드는 데 소홀했기 때문이다.

당신이 당신만의 가치를 만들어내는 꾸준한 시간을 쌓고, 그것이 다른 사람들을 즐겁게 해주거나 건강하게 해주거나 편리하게 해주거나 외모를 가꿔주는 등의 유익함을 제공한다면, 당신의 가치를 알아보는 사람들이 점점 늘어날 것이다. 사람들은 자신이 도움받은 것을 공유하고 싶어 하는 심리가 있기 때문에 당신의 가치는 자연스럽게 소문나게 된다. 스스로 부자라고 홍보하는 사람보다 사람들이 먼저 알아주는 가치를 보유한 사람이 자본주의 시대 최후의 승자가 된다.

지금 자신이 1의 게임을 하고 있는지 확인하는 가장 간단한 질문이 있다.

당신이 가진 유무형의 자산 중 무언가를 수요자에게 제공하기 위해 가격을 매겨본 적이 있는가? 즉, 내가 **가격을 지불하는 사람인가, 가격을 매기는 사람인가**에 따라 당신이 자본 시장에서 어떤 포지션인지가 갈린다.

만일 당신이 가진 무언가에 수요가 있다고 판단되어 가격을 고민한 경험이 있다면, 당신은 이미 단독자의 자질을 충분히 갖고 있다고 보면 된다. 이 경우 당신은 자연스럽게 마케팅 공부에 관심을 가질 수밖에 없다. 1이 다수에게 유무형의 자산을 알리는 수단이 곧 마케팅이고 광고이기 때문이다. 불특정 다수가 아닌, 확실한 대기 수요층을 타기팅해서 유효 수요를 만들어 구매로 연결하는 것이 마케팅이고, 이것이 세일즈의 핵심이다.

1의 게임과 다수의 게임 중 어떤 게임을 더 많이 하고 있는가? 아마 누군가의 게임을 돕는 조력자로 일하는 사람이 많을 것이다. 그렇다면 현재 직장에 다니고 있는 사람은 1의 게임을 시작할 수 없을까? 그렇지 않다. 직장에 다니면서도 단독자의 삶을 시도하는 사람이 아주 가끔씩 있다. 이들은 매우 빠른 속도로 승진해서 자신의 몸값을 올리거나 이직을 통해 자신의 존재감을 증명한다. 직장을 다니면서 성과에 따른 일과 연봉을 당당하게 요구한다. 그리고, 결국 이런 사람들은 직장에서의 경험을 융합해서 사업가의 길을 걸어갈 확률이 매우 높다.

출근해서 그날의 업무 목록을 작성할 때 무엇을 가장 우선순위에 두는지 살펴보자. 대부분 쉽게 끝낼 수 있는 일을 첫 번째 항목으로 둘 것이다. 회사의 대표가 가장 고민하는 항목은 제일 후순위에 있거나 아예 없을 확률이 높다. 몸값을 올리려면 **자신의 가치와 그 가치의 가격을 높이는 일, 또 판매할 물량을 늘리는 것에** 집중해야 한다. 오직 현상 유지에만 시간과 에너지를 들이는 사람에게 누가 먼저 높은 연봉을 제시하겠는가.

업무의 우선순위를 다시 매겨보라. 익숙하게 해오던 루틴에서 불필요한 절차는 지워버리자. 당신이 속한 조직의 대표는 '매출 유지'가 아닌 '성장'을 원한다. 성장에 대한 고민을 뒷전에 둔 채 익숙하고 루틴한 일만 하는 사람을 우리는 '대체 가능한 사람'이라고 부른다. 쉽게 대체되는 삶을 살고 싶은가? 사람들을 이끄는 상품이나 서비스를 개발하고 업그레이드해서 가격을 올리고 고객층을 늘리는 노력에 더 집중한다면 당신의 몸값은 기하급수적으로 올라갈 수밖에 없다. 대표는 그런 당신을 다른 회사에 빼앗길까 노심초사할 것이다.

모든 대표는 단독자를 좋아한다. 하지만 그런 단독자를 오래 옆에 두기는 어렵다. **단독자는 자신의 위치를 스스로 결정할 수 있기 때문이다.**

시간의 틀을
깨라

하루 24시간 중 당신이 온전히 통제할 수 있는 시간이 얼마나 되는가? 나인 투 식스 근무자라면 극히 적을 것이다. 오전은 출근 준비로 바쁘고 저녁은 다음 날을 위한 충전의 시간으로 보낼 테니 말이다. 주말 역시 주중을 위한 휴식 시간이 된다. 인간이 만든 시간의 중심에는 항상 '노동'이 우선한다.

'호모루덴스Homo Ludens'라는 말을 들어보았을 것이다. '노는 인간', '놀이하는 인간'을 의미한다. 이에 대비되는 말로 '호모 파베르homo faber'라는 말이 있는데, 직역하면 '공작인', 즉 '무엇을 만드는 사람'이라는 뜻이다. 근대 산업사회 이후 노동의 개념이 생기면서 이 '노동'이 인간의 근본적인 욕구이며 놀이와 여가는 노동을 보완하는 것이라는 개념을 갖기 시작했다. 그리고 인간 실존의 문제를 일과 밀접하게 연관 짓기 시작한다. 일을 함으로써 인간 본연의 자아를 찾아간다는 것인데, 일에 찌든 입장에서 들으면 썩 달갑지는 않다.

1의 게임을 하는 사람, 즉 단독자의 자질이 높은 사람일수록 일과 놀이의 영역을 너무 구분 짓지 않는다. 워라밸이 필요 없다는 말을 하는 것이 아니다. 시간에 구애받지 않으려면 **우리를 통제하고 있는 시간의 틀을 깰 필요가 있다**는 얘기다.

자본가는 시간을 사기 위해 돈을 번다

전근대사회에는 노동은 낮에 하는 것이고 밤에 일하는 것은 순리에 맞지 않다는 생각이 지배적이었다고 한다. 그런데 산업혁명의 발원지였던 영국의 공장주들 입장에서는 기존의 노동자들이 일하는 행태가 마음에 들지 않았을 것이다. 그들의 관점에서 보면 게을러 보였을 테니 말이다. 영국은 겨울의 경우 오전 8시가 넘어야 해가 뜨고, 오후 4시도 안 되어서 해가 지니 노동시간이 여섯 시간도 채 되지 않았다. 낮 시간이 짧은 겨울을 공장주들은 싫어할 수밖에 없었을 것이다. 이후 게으른(?) 노동자들을 하루 24시간을 계량화한 새로운 시간관에 집어넣고 길들이기 위해 곳곳에 대형 시계들을 설치하기 시작했는데, 그중 하나가 런던의 국회의사당에 설치된 대형 시계탑 '빅 벤'이다. 시계가 인간을 지배하기 시작하면서 사람들은 점점 시간의 노예가 되어버렸고, 스스로 시간을 지배할 수 있는 것이 얼마나 어려운 일인지 알게 되었다.

인간이 돈을 버는 궁극적인 목적이 뭘까? 행복하기 위함이다. 그런데 **많은 사람은 그 행복을 소비에서 찾으며 궁극적인 목표가 더 멀어지게 한다.** 돈을 버는 목적이 명품 가방을 사기 위해서, 세계여행을 하기 위해서, 한강 뷰 아파트에 살기 위해서라고 한다면, 그 사람은 아마도 평생 돈과 시간의 노예로 살아가야 할 것이다.

우리가 돈을 버는 목적은 그 돈으로 시간을 사서 **나만의 시간을 더 많이 확보하기 위함**이다. 돈을 아무리 많이 벌어도 시간을 자신의 것으로 쓰지 못하고 죽는 사람들을 숱하게 많이 본다. 자신의 시간을 통제할 수 없을 때 사람은 불행을 느낀다. 시간에 대한 통제력이 늘어날수록 사람의 행복감은 그에 비례해서 증가한다. 즉, 사람이 일을 해서 돈을 버는 궁극적인 이유는 단순히 먹고살기 위한 생계의 목적, 비싼 명품이나 차를 사기 위함이 아닌 것이다. 만약 그동안 그것을 목적으로 돈을 벌었다면 지금 당장 그 목적을 변경하기 바란다. 돈을 버는 목적이 시간을 사기 위한 목적이 아니라면, 산업혁명 이후 체계화되고 고도화되어가고 있는 인간에 대한 시간 통제, 그리고 그로 인한 인간성 소멸의 늪으로 계속 빠져들 수밖에 없다.

일, 돈, 시간을 놓고 볼 때 처음에는 모두 일을 통해 돈을 번다. 이 삶이 무한 지속되면 일과 돈의 굴레에 갇혀 시간적 자율성을 확보할 수 없다. 직장인과 자영업자가 대표적이다. 일과 돈의 굴레에서 벗어나는 유일한 방법은 일을 통해 돈을 벌고, 그 돈으로 당신의 시간을 사는 것이다.

여기서 꼭 기억해야 할 것은, 경제적·시간적 자유를 획득하더라도 결국 인간은 일을 하면서 살아가야 행복할 수 있는 존재라는 사실이다. 사람은 지속적인 성장과 관계 속에서의 인정을 통해 행복감을 느끼기 때문이다. 시간적 자유를 확보한 사람은 이때 '나를 행복하게 만드는 일'을 선택할 수 있다. 돈을 위해 시간을 포기하는 생계형 일이 아닌, 당신 자신을 위한 일을 통해 영속적인 행복을 추구할 수 있다.

THE

2단계
MAKING MONEY

FIRST

소득의 단위를
바꿔라

ASTERING MONEY AND TIM

자본주의의 룰을 어느 정도 이해했다면 지금부터 그에 합당한 수를 둬야 한다. 당신이 학생이라면 앞으로 선택할 진로의 기준을 이 단계에서 재점검할 수 있다. 당신이 직장인이라면 회사 내외에서 당신이 추구할 포지션을 찾아볼 수 있다. **회사가 당신의 안정된 삶을 보장해줄 거란 착각을 버려라.** 회사와 당신은 단지 '지금 이 순간' 서로의 조건과 합이 맞아서 함께하는 계약 관계일 뿐이다.

이 단계에서는 취업과 이직, 사업 등 인생의 중대한 결정을 내릴 때 자본주의 경쟁에 유리한 방식으로 선택하는 기준에 대해 다뤄보겠다. 다수가 고민 없이 선택하는 길, 시대착오적인 가치관과 기준은 과감히 버려라. 승리의 티켓은 다수의 선택 바깥에 있다.

용의 꼬리냐,
뱀의 머리냐

자본주의 테크트리 2단계는 소득을 만들어내는 과정이다. 자본 게임에 참여하기 위한 게임 머니를 만드는 매우 중요한 단계다.

현재 한국에서 경제활동에 참여하고 있는 근로자 가구의 소득 비중이 어떠한지 살펴보자.

소득은 크게 경상소득과 비경상소득으로 나뉜다. 경상소득은 정기적이고 예측 가능한 소득이다. 반면 비경상소득은 축의금, 조의금이나 퇴직금과 같이 일시적으로 발생하는 소득을 의미한다. 우리 가계소득에서 비경상소득이 차지하는 비중은 매우 미미하기에 우리는 경상소득에만 집중하면 된다.

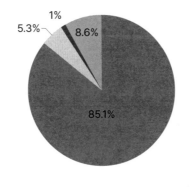

근로자 가구 경상소득 구성 비율(2024년 4분기 기준)

1%
5.3%
8.6%
85.1%

■ 근로소득　■ 사업소득　■ 재산소득　■ 이전소득

경상소득은 근로소득, 사업소득, 재산소득, 이전소득으로 나뉜다. 근로소득은 말 그대로 나의 시간과 노동에 대한 대가로 받는 소득이다. 사업소득은 사업자를 내서 버는 소득이고, 재산소득은 재산이 벌어다 주는 소득이다. 그리고 이전소득은 생산적인 활동을 하지 않았음에도 정부나 기업으로부터 받는 소득이다. 보조금, 보험금, 연금 등과 같은 소득이 있다면 이전소득에 포함된다.

현재 당신의 가계소득을 위의 네 항목으로 구분해서 소득 구성을 살펴보자. 아마 대부분 우리나라 통계와 크게 다르지 않을 것이다. 근로소득이 대부분을 차지할 것이고, 보유한 실물자산과 금융자산이 벌어다 주는 소득은 그렇게 많지 않을 것이다. 이것이 자본주의를 살아가는 다수의 국민이 처한 소득 현실이다. 우리는 이 구조를 탈피해야 한다. 돈과 시간으로부터 자유를 얻으려면 지금까지 당신에게 익숙하지 않았던 사업소득과 재산소득에 관심을 집중해야 한다. **자본 게임에서는 '내 이름을 걸고 할 수 있는 직업'이 절대적으로 유리하다.**

이 책을 읽는 당신이 아직 학생이거나 직장을 선택하기 전이라면 행운아라고 생각해도 좋다. 이 글이 앞으로의 진로를 선택하는 중요한 길잡이가 되어줄 것이다. 당신이 직장인이라면 직장과 직업을 선택할 때 무엇이 가장 중요한지 생각해보자. 인생 후배들이 직업을 선택하는 기준에 관해 조언을 구한다면 뭐라고 말해주겠는가?

성향과 적성, 강점과 능력, 가치관, 안정성, 업종의 성장 가능성, 연봉, 복지, 업무 강도, 일과 삶의 균형, 사회적 영향력과 기여도 등, 직업을 선택할 때 고려할 요소는 수없이 많다. 모두 중요한 요소이지만, 내가 가장 중요하다고 생각하는 기준은 '자기 이름을 걸고 할 수 있는 일인가'이다. 이름을 걸 수 있는 직업은 개인의 정체성과 전문성이 직업 활동과 밀접하게 연관되어 있고, 그 이름 자체가 신뢰와 가치를 상징할 수 있다. 이런 일은 일반적으로 높은 수준의 전문성과 신뢰가 요구되며, 개인 브랜드를 구축하는 데 초점이 맞추어져 있다. 이름을 걸 수 있는 모든 분야가 공부를 특출하게 잘해야 하거나 유전적으로 뛰어난 재능을 갖고 있어야 하는 것은 아니다.

이름 걸고 할 수 있는 일을 선택하라

스카이차를 운전하는 조카가 있다. 수영 강사를 비롯한 다양한 아르바이트 경험이 있고, 공무원 시험, 자격증 시험에 몇 번 시도했지만 뜻대로 되지 않았다. 나이는 점점 차는데 어떤 직업을 선택해야 할지 떠오르지 않았다. 그때 지인으로부터 스카이차를 운행하는 일을 배워보겠느냐는 제안이 왔고, 딱히 대안이 없었기에 바로 일을 시작했다.

스카이차 일은 춥고 더운 날 밖에서 일해야 하는 소위 블루칼라 업종이니 30대 초반의 청년들이 선호하지 않는 일임이 분명했다. 말끔한 양복을 입고 좋은 회사에 출근하는 친구들과 자기 삶을 비교하면서, 조카는 은연중에 스스로를 초라하다고 느꼈을 것이다.

풀죽어 있는 조카에게 나는 말해주었다.

"그 친구들보다 네가 훨씬 나은 길을 선택한 거야."

위로와 격려 차원에서 한 말이 아니라 진심이었다.

이유를 정리하면 다음과 같다.

첫째, 대기업에 다니는 친구들이 직장에서의 경험을 쌓아서 자신의 이름을 걸고 회사를 차려 돈을 벌 수 있는지를 생각해보자. 대부분은 그런 생각조차 하지 않고, 동일 직종의 더 큰 피라미드로 이직하는 것에만 집중할 것이다. 큰 피라미드라고 하더라도 그 안에서 하는 일이 실적에 비례해 연봉이 책정되는 업무라면, 그 사람은 그 피라미드를 나오더라도 이름을 걸고 사업을 할 가능성이 높다. 그렇지 않다면, 큰 피라미드로 옮길수록 피라미드 안에서의 포지션이 점점 약해진다.

조카가 선택한 피라미드는 매우 작다. 대표가 하는 업무를 습득하는 데 오랜 기간이 소요되지 않는 데다, 자본금이 모이면 자기 이름으로 회사를 차리는 데 어려움이 없다. 또 스카이차에 직접 자기 이름을 걸고 광고도 할 수 있다. 대기업에 다니는 친구가 내민 명함을 부러워하는 이유는, 명함에 있는 친구의 이름 때문이 아니라 친구가 다니는 회사 이름 때문이다.

둘째, 대기업에 다니는 친구의 멘토는 직장 상사일 확률이 높다. 조직이 크면 클수록 회사의 대표를 멘토로 삼기 어렵다. 직장 상사 또한 자신의 이름을 걸고 자기 사업을 하기 어렵다. 하지만 스카이차 운행 일은 대표를 벤치마킹하는 것이 수월하다. 대표가 했던 대로 테크트리를 타면 대기업 피라미드에 비해 쉽게 자기 사업을 배울 수 있다. 조카의 대표는 1톤 스카이차로 사업을 시작했다가 3.5톤, 5톤으로 일의 규모가 늘면서 추가 스카이차를 구매했다. 3.5톤으로 일할 때 1톤 스카이차가 놀고 있는 것이 대표는 아까웠을 것이다. 그래서 조카를 고용해 자신이 일을 하지 않을 때도 추가 수익이 나오는 시스템을 만들었다. 조카는 그 대표가 했던 방식 그대로 사업을 확장해나갈 수 있다. 즉, 레버리지가 가능하다.

셋째, 조카는 기본급과 함께 성과급을 받는 일을 하고 있고, 따라서 시간당 노동의 가치를 높일 수 있다. 대기업 친구들이 얻는 수익이 닫힌 소득이라면, 조카의 수익 구조는 열린 소득이라고 볼 수 있다. 자기 사업을 하기 전이지만 조카는 이미 대기업에 다니는 친구들의 소득을 따라잡았다.

넷째, 자본금을 모아서 감당할 정도의 대출을 받아 1톤 스카이차를 사면 독립이 가능하다. 물론 독립 전에 당연히 자신의 가치와 신뢰를 높이는 노력을 해야 한다.

다섯째, 주문이 많아지면 3.5톤 스카이차를 구매하고, 남은 1톤은 직원을 구해서 운영하면 된다. 시간을 사는 것이 가능해진다는 말이다.

지금 당장은 넥타이를 맨 친구가 부러울지 모르지만, 나중에는 그들이 조카를 부러워할 것이 자명하다. 이에 더해 자본주의 테크트리를 타면서 소득을 자산화하는 과정을 거치면 사업과 자산이 함께 성장하는 시너지가 생길 것이다.

성과급을 통해 소득을 키우고, 그렇게 모은 돈을 소중히 지키고, 분야에서 최고가 되는 노력을 통해 누구나 자기 브랜드를 만들고 키워나갈 수 있다. 중요한 건 방향성이다.

피라미드의 가치를 규모로 판단하지 마라

당신은 거대한 피라미드 조직을 선호하는가?

우리는 큰 피라미드 조직에 들어가기 위해 학창 시절 내내 새벽부터 밤까지 학교와 학원을 뺑뺑이 돌면서 공부했다. 큰 피라미드에 들어가면 성공의 시작이라고 배웠고, 작은 피라미드일수록 사회적 평판이 낮다고 여긴다. 대기업에 다니는 자식을 둔 부모는 어깨가 올라가 있지만 그렇지 않은 부모는 아쉬움을 묻고 살아간다. 다수의 선택은 언제나 큰 피라미드였다. 작은 피라미드에 들어간 사람도 스펙을 쌓아서 큰 피라미드로 이직하기를 원한다. 연봉이 높고 사내 복지가 잘되어 있으니 그런 선택의 방향성이 아주 틀렸다고 할 수는 없다. 하지만, 큰 피라미드가 절대적으로 안전하다는 생각은 가급적 빨리 버리는 것이 좋다.

피라미드가 안전한 것과 당신이 안전한 것은 전혀 별개다.

모든 피라미드에는 소유자와 조력자가 존재한다. 당신이 경제활동을 하고 있다면 당신이 속해 있는 파리미드에는 분명 1의 게임을 하는 사람이 존재할 것이다. 그 사람이 바로 당신이 속해 있는 피라미드의 주인이다. **당신이 속한 피라미드의 일인자가 될 수 있는 가능성에 따라서 당신의 자본 게임 난이도가 결정된다.** 대기업에서 일인자는 대기업 총수다. 월급 사장을 포함한 회사의 임원은 절대 일인자가 아니다. 그들은 회사와 계약 관계로 연결되어 있고, 실적을 만들지 못하면 언제든지 나가야 한다. 당신이 자동차 회사를 다니고 있다면 당신이 자동차를 만들어 팔 수 있는지를 생각해봐야 하고, 반도체 회사를 다니고 있다면 반도체를 생산할 수 있는지를 고민해봐야 한다.

나는 큰 피라미드에 들어가더라도 그곳에서 배울 것은 배우고 취할 것은 취한 후 작은 피라미드로 옮기는 것이 가장 현명한 선택이라고 말한다. 큰 피라미드에서 테크트리를 타고 올라갈수록 시스템은 더욱 분업화되기에, 개인이 1의 게임을 할 수 있는 확률이 점점 줄어들기 때문이다. 오히려 피라미드 규모를 점점 좁혀갈수록 피라미드의 일인자를 만나고 그를 관찰하고 배울 수 있는 기회가 더 많이 생긴다. 지금 당신이 하는 업무로

다수의 선택

단독자의 선택

당신의 게임을 하려면 더 큰 피라미드로 가는 것이 답이 아니다. 당신이 찾는 멘토가 있는 곳을 지향해야 한다. 즉, 피라미드의 규모를 따질 것이 아니라 자신이 그 피라미드 꼭대기에 위치한 일인자가 될 가능성을 보고 직업과 회사를 선택해야 한다.

닫힌 소득이 아닌
열린 소득을 추구하라

도시 근로자 가구의 80%를 근로소득이 차지하고 있다는 것은 그만큼 근로소득의 의존도가 높다는 것을 의미한다. 나는 무조건적인 사업 예찬론자는 아니다. 물론 근로소득이라는 닫힌 구조에서 수익을 쌓는 것보다 사업소득이라는 열린 구조에서 수익을 쌓을 때 경제적 자유를 더 빠르게 얻을 가능성이 높은 것은 사실이다. 그렇기에 태어날 때부터 사업하는 부모를 만난 사람은 자본주의의 행운아라고 생각한다(나는 금수저를 물고 나온 사람보다 사업수저를 물고 나온 사람이 더 부럽다). 다만, 통계가 말해주듯 대부분은 더 큰 경쟁 피라미드를 찾아 문을 두드린다. 특히 소규모 자영업을 운영하거나 사업 실패로 빚 공포를 경험해본 부모일수록 자식이 공무원과 같은 안정적 직장을 갖기를 바란다. 즉, 국가라는 더 안전한 피라미드를 자녀에게 권한다.

현재 근로소득에만 의존하는 가계라고 하더라도 돈과 시간으로부터의 자유를 얻는 것이 전혀 불가능하지는 않다.

자본주의사회에서는 부자가 되는 두 개의 큰 축이 있다. 하나는 '일'이고, 다른 하나는 '자산'이다. 즉, 돈을 많이 버는 열린 소득에 대한 도전과 자산에 대한 선택으로도 우리는 더 빠르게 부에 다가갈 수 있다.

중요한 건 절차와 방향성이다. 우선 30대까지는 직장에서 조직 생활을 경험하고, 동시에 '사업'이라는 열린 소득과 자산으로 자본 게임에 참여해야 한다. 그러니까 직장은 어디까지나 '나보다 먼저 사업을 시작한 멘토에게 수업료를 지불하지 않고 배우는 공간'으로 접근해야 한다. 따라서 30대까지 소득을 보고 큰 피라미드를 향해 움직였다면, 40대부터는 작은 피라미드로 움직이는 것이 유리하다. 대중의 선택과 달리 피라미드를 전략적으로 역행하는 것이다. 다음 피라미드를 선택하는 기준은 그 조직의 대표가 되어야 한다. 그 사람이 앞으로 당신이 할 일의 실질적 멘토가 될 수 있는지를 보는 것이다. 궁극적으로 그 조직을 당신만의 피라미드를 만들기 위한 계단으로 삼아야 하기 때문이다.

직장에서 받는 월급은 자본 게임에 참여할 기회를 만드는 원천수와 같다. 따라서 처음에는 착실하게 돈을 모으는 것이 우선이다. 이때, 자본을 축적하는 속도를 높이려면 당신이 낸 성과만큼의 인센티브를 받을 수 있는 일을 선택하는 것이 절대적으로 유리하다. 그리고 그 돈으로 자산을 사서 자본을 키워야 한다.

오직 거대 피라미드를 최종 종착지로 생각하며 살지만은 않길 바란다. 미래에 대한 어떠한 계획이나 방향성 없이 세상이 만들어놓은 길이 가장 안전하고 유일한 길이라고 착각하면, 준비되지 않은 상태에서 위기에 봉착하기 십상이다. 평균 수명은 계속해서 늘어나고 있으며, 정년이 65세까지 는다고 해도 근 30년은 더 살아야 한다.

30대의 퇴직과 40대의 퇴직은 다르다. 30대는 얼마든지 이직할 수 있는 나이이지만, 40대로 넘어가면 회사의 위기가 곧 자신의 경제적 위기가 된다. 이직의 선택지가 대폭 줄기 때문이다. 이런 상황에 구직 활동을 하다가 결국 준비 안 된 상태로 사업의 세계에 뛰어드는 사람을 많이 봤다. 구체적인 계획도 대비도 세워놓지 않은 그들은 그저 '수익률 높은 사업'이라는 문구에 혹해서 쉽게 프랜차이즈 매장을 열고는 한다. 단순히 사업자를 낸다고 해서 그게 바로 자기 게임이 되는 것이 아니다. 프랜차이즈 매장을 운영하는 것 또한 엄밀히는 그 프랜차이즈 본사 대표의 게임을 돕는 조력자 역할에 그칠 뿐이다.

우리는 사업을 할 운명을 타고났다

자본주의사회에서 의미 있는 경쟁을 하려면 직장과 사업을 이분법적으로 보는 시각부터 버려야 한다. 장담하건대, 당신이 현재의 직장을 정년까지 무사히 다니고 퇴직한다 하더라도 결국은 사업을 할 수 밖에 없을 것이다. 그러므로 회사에 재직 중일 때 '나의 게임'을 같이 시작하는 것이 현명하다. 경쟁 피라미드 속에서 죽어라 버티다가 40대에 어쩔 수 없이 밀려나 허둥지둥 자영업을 시도하는 수순만큼은 피하라는 말이다. 우리나라 자영업 실패율이 높은 원인이 거기에 있다.

준비 없는 상태에서 제일 먼저 하는 선택이 앞에서 이야기한 프랜차이즈 매장을 차리는 것이다. 나는 프랜차이즈 본사에서 매장 오픈부터 총괄 관리까지 해본 경험이 있고, 또 매장의 점주로 일한 적도 있다. 그래서 프랜차이즈의 본질을 잘 알고 있다. 결론부터 말하면, 나는 당신이 프랜차이즈 점주가 되는 선택을 하지 않기 바란다. 언제나 쉬운 길을 가는 선택보다 힘든 선택이 더 큰 성과를 만들어낸다는 것을 잊지 말자. 프랜차이즈 사업에서는 당신이 컨트롤할 수 있는 것들이 거의 없다. 본사의 매뉴얼대로 움직여야 하고, 본사가 제공해주는 재료만 사용해야 한다. 그 재료가 신선하지 않고 품질이 떨어지더라도 할 수 있는 일이 본사에 항의하는 것밖에 없다. 시장에 가서 신선한 재료를 선택할 권리가 점주에게는 없는 것이다. 한마디로 프랜차이즈 점주가 된다는 건 또 하나의 꼭두각시로 살겠다는 선택이다.

앞에서 한국의 가계소득 통계를 살펴보았다. 근로소득이 소득의 85.1%를 차지하고, 이전소득 및 사업소득의 비중은 각각 8.6%와 5.3%로 현저히 낮다. 재산소득은 1%로 가장 낮은 수준이다. 즉 우리 대부분은 근로소득에 의존하면서 살아가고 있다. 다수의 사람이 부자가 아니기에, 결국 부자가 되기 위해서는 다수의 가계에서 낮은 비율을 차지하는 사업소득과 재산소득의 비중을 키우는 공부와 실행에 집중해야 한다.

내 강의를 들으러 오는 40대 중에는 대기업 임원을 목표로 열심히 일하고 성과가 좋아서 남들보다 빨리 승진한 사람이 많다. 그럼에도 임원 승급 단계에서 미끄러지고 점점 조직에서의 입지가 약해져 상실감과 허탈감에 사로잡힌다. 삼성전자의 직원 중 임원 비율은 0.8%라고 한다. 임원이 되고 나면 좋기만 할까?

일단 되는 것도 하늘의 별 따기이지만, 되고 나면 더 큰 책임을 떠안기 때문에 오래 버티기가 힘들다. 테슬라와 애플을 비롯한 혁신 기업들은 제2의 노키아가 되지 않기 위해 하루하루 사투를 벌인다. AI와 휴머노이드 로봇을 산업에 연결하지 못하면 결국 도태될 것이라는 위기의식을 갖고 살아간다. 그 과정에서 성과를 내지 못하면 책임자인 임원은 언제든지 옷을 벗을 각오를 해야 한다.

운이 좋아 정년퇴직까지 가더라도, 그때가 되면 남은 삶을 무엇을 하며 살지에 대한 심각한 고민이 시작된다. 피라미드 최상단에 오른 사람도 제2의 삶에서 자유로울 수 없으니, 자기 사업에 대한 모색은 빠르면 빠를수록 좋다.

자본주의는
제로섬 게임이 아니다

자본주의의 양대 축은 '사업'과 '자산'이다. 우리가 사업과 자산의 영역을 모를 때는 피라미드 계급사회가 전부라고 생각한다. 그래서, 피라미드 밖을 보려고 하지 않고 자신이 속한 피라미드 위로만 올라가려고 맹목적으로 경쟁을 한다.

그런데, 그 노력의 10분의 1만 해도 부를 얻을 수 있다면 어떤 선택을 하겠는가? 나처럼 정신적·경제적으로 나락에 떨어져 본 사람들은 새로운 도전에 대한 두려움을 이기고 피라미드 밖으로 걸어 나갈 수 있다. 피라미드 안에서 돌아다니는 돈보다 밖에서 도는 돈의 양이 비교가 안 될 정도로 많다는 사실을 이들만이 알고 있다.

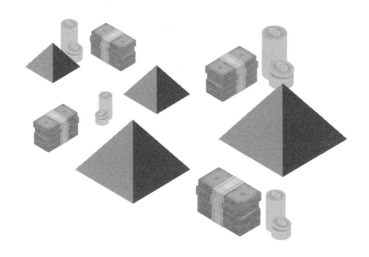

　당신이 이 책을 읽고 있는 이 순간에도 돈은 무한하게 증식한다. 부자와 가난한 사람은 돈의 양을 바라보는 관점부터가 다르다. **가난한 사람은 자본주의를 제로섬 게임으로 인지한다.** 돈의 총량이 한정되어 있다고 생각하는 것이다. 그 돈을 고용주와 자본가들이 노동 착취와 부정한 방법을 통해 선점했다고 생각한다. 따라서, 빼앗긴 돈을 가져오지 않는 한 '부'는 고착화되고 세습되기 때문에 혁명을 통해 뒤집어야 한다고 생각한다. 어찌 보면 그렇게 생각하는 것이 마음 편할지 모르겠다. 그러나 부의 양은 제한적이지 않다. 부자가 가난한 자의 재산을 착취해서 부의 격차가 벌어지고 있는 것이 아니라는 뜻이다. 자본주의는 모든 사람

에게 공평하게 기회가 열려 있다. 실제 자본주의가 유지되기 위해서는 시장에 계속 돈이 공급되어야 한다. 사람이 피가 생성되지 않으면 죽는 것과 같다. 즉, 자본주의 시스템을 유지하기 위해 모든 사람이 부유하게 살아도 남을 정도로 시장에 공급되고 있는 것이다. 몸소 자본 게임에 참여하고 부를 이룬 사람들은 돈의 양이 무한하다는 사실을 경험을 통해 알고 있다.

지금 이 순간부터 돈은 한정되어 있지 않다는 것을 깨닫고, 그것을 어떻게 얼마나 많이 가져올 것인가를 고민하는 데 집중하기 바란다. 당신이 몸담고 있는 피라미드 안에서는 피라미드 주인과 계약한 만큼 받지만, 피라미드 밖에 있는 돈은 그것을 가지려고 노력하는 사람이 주인이라는 것을 잊지 말자.

당신이 속해 있는 피라미드와 규모만 다를 뿐, 수백, 수천, 수만 개의 피라미드가 당신이 속한 피라미드 밖에 존재한다. 그 영역은 일과 사업의 영역이고, 자산과 투자의 영역이다. 당신이 속한 파라미드를 성장시키는 돈들은 주식 투자를 하는 주주들이 공급하고 있고, 당신이 매일 출근하는 회사 건물은 부동산 투자의 영역이라는 것을 잊지 말아야 한다. 일과 자산은 서로 긴밀히 연결되어 있는 것이다. 지금도 피라미드 밖에서는 '사업'과 '투자'라는 이름으로 무한대의 돈이 주인을 찾아 흘러가고 있다.

사람들은 저마다 꿈을 위해 도전하고 싶은 일이 있다. 그 일을 언제 시작할 거냐고 물으면 '아이가 학교에 가면', '시간적 여유가 좀 생기면', '승진하고 나면', '다니던 직장을 퇴사하면' 하겠다고 대답한다. 지금 당장 '안 할 핑계'를 찾는 사람들은 그 상황이 되어서도 하지 않는다. 그리고, 그때 시작하면 이미 늦다. 실패할 확률도 99%다. 꿈을 향한 도전은 현재 하고 있는 일을 하면서 함께 실행해나가는 것이다. 지금 바로 시작하라. 그러지 않으면 제로섬 게임의 피라미드를 벗어날 수 없다.

일, 내가 보는 만큼이
세상의 전부다

비원 모임에서 만난 25살 청년 L 씨의 이야기다. 그는 스물셋에 처음으로 내 강의를 들었으니 자본 게임의 룰을 상당히 빨리 깨친 셈이다. 강의를 들은 해에 대학을 졸업한 그는 살면서 취업은 단 한 번도 생각하지 않았다는 말을 해서 모두를 놀라게 했다. 이유를 물으니, 아버지를 포함해 자신이 만나는 주변인들 모두 사업가여서 졸업하면 사업을 하는 것이 당연한 줄 알았다고 했다. 심지어 이미 재학 중에 사업으로 성공한 경험도 있었다.

첫 사업으로 높은 수익을 거두었지만, 이후 그는 난데없이 회사에 취직해서 또다시 주변을 놀라게 했다. 이유가 뭐였을까? 배움이 필요해서였다. 사업을 해보니 마케팅 능력이 부족하다고 느꼈고, 실질적인 공부를 위해 회사를 찾은 것이다. 입사 면접에서 면접관이 희망 연봉을 물었을 때 그는 이 회사에서 일하고 싶은 목적이 분명하기 때문에 사실 월급을 받지 않아도 전혀 상관없다고 대답했다. 면접관 입장에서는 그런 당찬 자세가 맘에 들었을지 모르지만, 그는 정말 진심으로 돈을 안 받아도 상관없었다고 한다.

그가 대학을 다닐 때 사업을 시작하게 된 계기가 재미었다. 어느 날 스포츠카가 너무 갖고 싶어 어머니에게 문이 두 개 달린 스포츠카를 사달라고 졸랐다가 단칼에 거절당했다. 그럼 문짝 네 개 달린 국산 차라도 사달라는 요구도 당연히 통하지 않았다.

"사고 싶으면 네가 직접 벌어서 사든가."

보통은 듣고 바로 흘려버릴 어머니의 이 한마디를 L 씨는 그냥 넘기지 않았다. 어릴 때부터 '돈은 벌면 된다'라는 가치관을 배우며 자랐고, 돈 버는 사업 공식을 익숙하게 접한 그였다. 곧바로 어머니의 말을 실천에 옮겼다. 아르바이트로 월세 보증금을 모은 뒤 그 보증금으로 홍대 입구 쪽에서 공간임대사업을 시작했다. 5호점까지 열게 되면서 월 500만 원의 수익을 만들었고, 머지않아 그토록 갖고 싶었던 스포츠카를 구입했다.

그로부터 3년 후에 L 씨를 다시 만났다. 지금도 마케팅 회사에 다니고 있느냐고 물어보니, 퇴사하고 다시 사업을 시작한 지 3년 차라고 했다. 새로 차린 마케팅 회사에서 당시 그가 얻는 월수익은 웬만한 회사원의 1년 치 연봉을 초월한 금액이었다.

L 씨의 사례는 환경이 사람에게 미치는 영향이 얼마나 중요한가를 몸소 보여준다. 부모가 자녀의 교육 환경에 어떤 영향을 미쳐야 하는지, 성인이 되고 나서 어떤 사람과 교류하며 시간을 보내야 성장하는지를 그의 인생을 통해 우리는 자명하게 알 수 있다.

그는 또래 친구들을 많이 만나지 않는다. 자기보다 경험치가 훨씬 풍부한 어른들을 주로 만난다. 비원 모임에서도 나이가 제일 어린 축에 속한다. 여기서 만난 수많은 인생 선배들과 대화하며 자기에게 부족한 부분을 끊임없이 발견하고 성장해왔다. 마케팅을 공부하기 위해 마케팅 회사에 취직했던 것처럼 말이다.

어릴 적부터 사업하는 가족과 친지, 지인들 틈에서 자란 그는 자연스럽게 사업가적 사고를 익혔다. 그에게 사업은 두려움이 아닌 익숙한 '안전지대'였다. 지금 그는 연 150억 매출을 내고 있는 요식업체의 마케팅 대표로 참여하고 있다. 여기에 추가적으로 플랫폼 사업을 시작할 계획을 갖고 있고, 블로그 및 유튜브 등 다양한 마케팅 채널을 통해 자신의 콘텐츠로 트래픽을 만들어 마케팅 수익을 내고 있다. 오직 목표에만 집중하며 일구어 낸 그의 기하급수적인 사업 성장은 앞으로도 멈추지 않고 계속 될 것이다.

호랑이가 되려면
호랑이굴로 들어가야 한다

환경이 일에 영향을 미치는 사례에 이어 이번엔 자산 선택의 사례를 이야기해보려고 한다.

30대 중반의 A 씨는 서초구 반포에서 30평대 아파트를 소유한 자산가다. 가계소득은 직장을 다니는 남편의 외벌이로 약 1억 연봉인데, 반포 거주민 가구에 비해 그리 높은 가구 소득은 아니다. 그런 그녀가 30대에 30억 정도 하는 반포 아파트를 소유하고 있다는 것이 놀라웠다. 부모님이 집을 사는 데 도움을 주었는지 물어보니, 처음에 전셋집을 구할 때 작은 도움을 받긴 했지만 그 금액은 크지 않았고, 지금의 자산을 얻게 된 가장 큰 원인은 다른 곳에 있었다.

해답은 그녀의 부모가 어릴 때부터 노출시켜준 세상에 있었다. A 씨의 부모님은 그녀가 어릴 때 교육 때문에 강남구 대치동으로 이사를 왔다. 그녀가 아는 세상은 대치동과 도곡동이 전부였다. A 씨가 결혼하고 둘째가 생기면서 집을 사서 정착해야겠다고 생각했을 때가 2014년이었다. 생애주기상 집을 사야 했던 시기와 서울 부동산 상승장의 타이밍이 절묘하게 맞아 떨어졌던 것이다. 그녀가 처음으로 매수한 아파트는 강남구에 있는 도곡렉슬이었다.

처음에 그곳을 선택하게 된 이유가 무엇인지 물어보니, 그녀는 이렇게 대답했다.

"다른 동네는 잘 모르고, 그냥 어릴 때부터 살았던 동네라서요."

그게 전부였다. 그녀가 아는 세상은 오랜 기간 살아오고 익숙했던 동네, 대치동과 도곡동이 전부였기에 아무런 고민 없이 첫 집으로 선택했던 것이다. 집을 사야겠다고 생각했을 때, 자신이 유일하게 잘 알고 익숙했던 동네가 운 좋게 학군지였고, 운 좋게 상승장 초반에 샀을 뿐이다.

또 한 가지 사례를 소개한다. 수강생 중에 고등학교 때 전국 모의고사 1등을 할 정도로 공부에 재능 있는 사람이 있었다. 보통은 의대에 진학해서 전문직에 종사할 것이라고 생각하지만, 그녀는 자신이 하고 싶은 요식업을 배우고 싶다고 했다. 그녀는 자신이 미래에 하고 싶은 사업에 대한 구체적 계획을 갖고 있고, 그 목표를 이루기 위해 지금부터 무엇을 해야 하는지 너무나도 잘 알고 있다. 지금은 요식업 멘토를 찾아 그의 밑에서 일을 배우고 있다. 요식업에서 중요한 것은 일과 매장, 즉 자산이 함께 해야 한다는 것을 알고 있기에, 나와 함께 자산 공부도 병행하고 있다. 이렇게 멘토 옆에서 사업을 배우며 돈을 벌고, 그 돈으로 자산을 사서 자본 게임에 참여할 준비를 하는 사람이 자본주의의 승자가 되는 것이 마땅하지 않겠는가.

그녀는 현재 프랜차이즈 대표가 되어 단독자 게임을 하기 위해 현재 식당에서 열심히 사업 경험을 쌓아가고 있다. 직장을 다니면서 저평가 구간에 사놓았던 자산은 그녀가 사업을 하게 될 매장을 얻는 데 큰 도움을 줄 것이다. 준비 없이 퇴직금에 소상공인 은행 대출을 받아서 먹기 좋게 잘 차려진 프랜차이즈 매장 사장이 되는 것과는 차원이 다른 행보다. **누가 성공할 것이며, 누가 성공할 자격이 있는가?**

당신의 주변 사람들 중에 부자가 없고, 부동산 자산가도 없고, 사업으로 성공한 사람도 없고, 나고 자라 익숙한 동네가 상승장에서 가격이 많이 오르는 지역도 아니라면, 당신은 부자가 될 수 없을까?

내가 이 글을 쓰는 이유는, 당신이 지금까지 다른 사람들에 비해 뒤처진다고 느꼈다면 그건 당신의 능력 때문이 아니라 환경의 문제였다는 점을 말하고 싶은 것이다. 따라서, 지금이라도 소득이 높은 사람들이 살고 싶어 하는 동네에 자주 놀러 가서 골목 골목 익숙해지려고 노력하고, 지금까지 알고 지내던 사람들과 다른 사업가, 부동산 자산가, 주식 자산가, 스타트업 대표와 같은 사람들이 모여 있는 커뮤니티에서 그들과 익숙해지려고 해야 한다. 눈을 부릅뜨고 찾아보면 분명 당신과 같은 변화와 성장을 꿈꾸는 사람들이 모여 있는 곳이 있다. 다만, 그들로부터 받으려고만 한다면 그 모임에 오래 함께하지 못할 것이다. 성장하려고 노력하고 실제로 성장해야, 성장한 사람들과의 상호 교류를 유지할 수 있다.

나는 현재 받는 연봉으로 한 사람의 능력과 가능성을 판단하지 않는다. 같은 직장에서 같은 일을 하더라도 그 사람이 어떤 목적과 방향성을 가지고 일하는가에 따라 그 사람의 미래의 모습이 결정된다. 그 목적과 방향성의 유무가 단독자와 대중을 구분 짓는다.

두려움이 익숙함이 될 때

모르는 영역에 대한 두려움은 누구나 가지고 있다. 어린아이가 걸음마를 배우고 두발자전거를 배울 때, 자동차 운전을 배울 때, 사람은 누구나 처음 하는 것들에 대해 두려움을 느낀다. 하지만, 길을 가면서 걷는 것을 의식적으로 노력하는 사람은 없다. 우리가 하는 모든 것이 태어나서 처음 하는 경험이고, 그 경험을 계속 반복하면 결국에는 익숙해진다. 모르는 영역에 대한 두려움을 떨쳐내자. 도서관이나 서점에 가서 관련된 책을 찾아 읽고, 그 분야에 경험이 많고 잘 아는 사람들이 있는 모임에 참석해보자.

당신이 막연하게 두렵다고 생각하는 일을 그곳에 있는 사람들은 밥 먹듯이 익숙하게 하고 있을 것이다. 너무 익숙해진 나머지 지겨워서 하품을 하는 사람도 만나게 될 것이다. 당신은 인류 최초로 화성에 착륙하는 도전을 하는 것이 아니다. 세상 어딘가에서 누군가 이미 익숙하게 하고 있는 일을 배우려는 것이다. 시작하기도 전에 걱정하고 두려워하는 마음은 부정의 심리적 장벽을 높게 쌓을 뿐이다. 시도하고 자주 해서 익숙해지면, 당신도 아마 어느 날엔가는 기지개를 켜고 하품을 하면서 또 다른 새로운 일이 없나 찾게 될 것이다. 밤중에 시커먼 그림자가 보여 무십다가도 그 그림자가 당신을 기다리고 있는 엄마라는 실체를 알고 나면 아무것도 아닌 것과 같다.

스스로 쳐놓은 울타리는 높이가 낮아도 쉽게 넘지 못한다. 이미 넘어간 사람이 부러우면서도 한편으로는 '울타리 밖은 매섭고 살벌하니 울타리 안이 안전하다'고 말해주길 기대한다. 지금 자신이 서 있는 곳이 최선의 선택이기를 믿고 싶어 한다. 만약 지금 속해 있는 울타리 안이 안정적이고 하는 일이 마냥 즐겁고 행복하다면, 난 그 사람이 가장 행복한 사람이라고 생각한다. 그런데 대부분의 사람은 울타리 밖의 세상을 동경하고, 울타리 안의 환경을 불평하며 산다. 그게 문제다. 더구나, 언제까지 그 울타리 안에 있을 거라는 보장도 없다. 미래의 막연함을 걱정하기보다 울타리 안에 있을 때부터 자주 울타리 밖을 나가서 익숙해져야 하는 이유다.

익숙해질수록 두려움은 사라진다. 막연히 하고 싶지만 두려워서 시도하지 못하는 일이 있다면, 그 일을 밥 먹듯이 하는 사람들과 자주 어울려보자. 누군가의 두려움의 대상은, 누군가에게는 지루한 일상이라는 것을 명심하라. **결국 두려움을 이기는 힘은 익숙함이다.** 해보지 않아서 두려운 것이 있다면, 그것과 익숙해지는 노력을 하는 것이 최선의 성장 비법이다.

줄을 서는 사람이 아닌
줄을 세우는 사람이 돼라

세상에는 두 부류의 사람들이 살아간다. **줄을 서는 사람과 줄을 세우는 사람.**

    대부분은 줄을 서는 사람에 속한다. 아이폰 신제품이 나왔다고 하면 제일 먼저 사기 위해 새벽부터 줄을 선다. 명품 가방 한정품이 나오면 새벽부터 줄을 서서 텐트를 치고 그곳에서 밤을 새우는 사람도 있고, 대신 줄을 서줄 사람을 고용해서 오픈런을 한다. 아이돌 콘서트나 트로트 콘서트장에 가면 자신이 좋아하는 우상을 위해 얼마든지 시간과 돈을 쓸 준비가 되어 있는 사람이 부지기수다. 이처럼 자본주의 세상은 줄을 서고 싶어 하는 사람들이 넘쳐나서, 줄을 세우는 것은 생각보다 쉽다. **당신이**

만약 사람들을 줄 세우는 행동에 집중한다면, 당신은 경제적 자유의 행렬에 줄을 서는 것이다.

언젠가 행사장 앞에 끝도 없이 늘어선 대기자들 중 한 사람에게 '왜 줄을 서 있느냐'고 물어본 적이 있다. 그분은 자기도 이제 막 기다리기 시작해서 앞사람에게 물어볼 참이라고 했다. 무슨 행사인지도 모르고 혹시 모를 기회를 놓칠까 싶어 일단 줄을 서고 본 것이다. 알고 보니 프랜차이즈 서브웨이에서 진행하는 원 플러스 원 행사였다. 사람들은 샌드위치 한 개 가격으로 하나를 더 얻었다는 것에 기뻐했다. 한 시간 이상 줄을 서서 한 개의 샌드위치를 더 먹을 수 있는 것이 경제적으로 이득이라고 생각한 것이다. 이렇듯 사람들은 제대로 된 판단보다 행동이 앞서고, 마케팅은 대중의 이런 심리를 이용한다. 마케팅과 심리학이 궁합이 잘 맞는 이유다.

만약 당신이 5,000원짜리 샌드위치를 공짜로 얻기 위해 30분 동안 줄을 섰다면, 당신은 당신의 시간이 30분에 5,000원짜리 가치라는 것을 스스로 인정하는 셈이다.

사람들이 길게 줄을 선 것을 본 행인들은 자연스럽게 서브웨이가 줄을 세우는 매장이라는 인식을 갖게 된다. 대기자가 많을수록 최고의 마케팅 효과를 얻게 되는데, 대기하고 있는 사람들은 자신이 마케팅에 활용되었다는 것을 인지하지 못한다.

자본주의사회에서 기업은 마케팅, 광고와 같은 다양한 홍보 수단을 활용해서 최대한 많은 사람을 줄 세워야 성공할 수 있다. 마케팅 방법은 SNS를 통해 더욱 고도화되고 다양화되고 있다. 수많은 사람이 이와 같은 마케팅에 쉽게 노출되면서 기업들과 생산자들은 예전보다 더 많은 사람을 쉽게 줄 세울 수 있게 되었다.

앞으로 길을 가다가 줄이 길게 늘어선 곳을 발견한다면 무작정 그 뒤를 따르기보다는 사람들이 왜 그 줄에 섰는지, 누가 어떻게 무엇을 위해 줄을 길게 세웠는지를 알아보고, 그 니즈와 전략을 당신의 일에 적용할 수 있는지 고민해보자. 이런 습관이 쌓여 당신을 '줄을 세우는 사람'으로 변화하게 만들 것이다.

이 책을 읽는 당신은 앞으로 줄을 서는 사람이 되기보다 줄을 세우는 사람이 되길 바란다. 세상에 공짜는 없다. 공짜 마케팅은 유료 판매를 위한 미끼라는 것을 명심해야 한다.

나를 드러내는 것을
망설이지 마라

자신이 무엇을 좋아하고 잘하는지 파악하는 가장 효과적인 방법이 뭘까? 바로 다른 사람들에게 자신을 설명하는 것이다. 내가 모임에서 진행하는 '스픽 마이 셀프'는 이 목적에 가장 특화된 프로그램이다. 자신의 인생 그래프를 그려보고, 살아온 인생을 복기하고, 좋아하고 잘하는 것을 적어 발표하면서 자기에 대해 객관적으로 알아간다. 나아가 앞으로 5년 후, 10년 후 자신의 모습을 구체적으로 그려봄으로써 목표를 이루기 위해 지금 무엇을 준비하고 어디에 집중해야 하는지를 정확히 파악한다.

무언가를 타인에게 설명해보면 알게 된다. 자신이 안다고 생각하는 것을 진정 완벽하게 알고 있는지, 아니면 피상적인 지식에 그치는지를 말이다. 혼자서 머릿속에 두어서는 잘 안다고 단언할 수 없다. 자기 자신에 대해서도 마찬가지다. '나를 객관화한다'는 것에는 한계가 따를 수밖에 없다. **자신을 드러내고, 사람들로부터 피드백을 들었을 때 그 한계를 뛰어넘을 방향성이 보이고 앞으로의 비전이 더 명확해진다.**

'내가 좋아하는 것'과 '내가 잘하는 것'을 가르는 차이가 뭘까? 포인트는 타인의 반응에 있다. 당신이 스스로 잘한다고 판단하는 것이 있다면, 그건 그동안 동료, 상사, 지인들로부터 인정받는 말을 많이 들었기 때문에 그렇게 인지하고 있을 가능성이 높다. 그러므로 그 인정을 받을 창구, 기회를 최대한 늘리는 것이 좋다. 당신이 어떤 능력과 가치를 가지고 있는지 판단할 근거를 많이 쌓아놓을수록 엄청난 시간을 절약할 수 있다. 당신의 잠재적 능력을 꽁꽁 싸매고만 있지 말고 사람들에게 최대한 드러내라. 그 창구는 블로그가 될 수도, 유튜브가 될 수도 있다. 당신의 일과 관련된 분야에 관심 갖는 사람들이 있는 모임에 꾸준히 자신을 드러내라. 꼭 얼굴을 드러낼 필요는 없다. 지금은 얼굴을 노출하지 않고도 자기 잠재력을 드러낼 방법이 무궁무진한 시대다.

당신의 재능을 칭찬하고 응원하는 사람들을 될 수 있으면 많이 만나라. 그 칭찬과 응원은 당신이 먼저 당신을 드러내지 않

으면 받을 수 없다. 인생은 절대 혼자 성공할 수도, 혼자 행복할
수도 없다는 걸 명심하자.

돕고 싶은 사람이 돼라

세상을 살다 보면 수없이 다양한 사람을 만나게 된다. 나이,
성별, 살아온 환경도 다르고 일에 대한 경험 및 소득과 자산도
제각각이다. 그들 중 이상하게 도와주고 싶은 마음이 저절로 우
러나는 사람들이 있다. 당신도 그런 경험이 있지 않은가? 유튜
버들 중에 어떤 사람은 채널에서 광고를 한다고 하면 왠지 거부
감이 드는데, 어떤 유튜버는 광고를 많이 달아놔도 응원해주고
싶다. 그 차이는 어디서 올까?

도와주고 싶은 사람들의 공통점은 스스로 자신의 인생을 소
중히 여기며 거기에 몰입하고 최선을 다한다는 데 있다. 그리고
자신만의 독보적인 향기를 간직하고 있다. 즉, 우리는 누군가 자
신의 일에 최선을 다하고 변화를 두려워 않고 부딪히며 초심의
마음으로 성장해가는 사람들을 보면 도움을 청하지 않아도 도
와주고 싶어진다. 반면 무작정 도움을 요구하는 사람을 보면 거
부감이 든다. 전자의 마음을 많이 얻을수록 많은 사람의 도움으
로 더 성장할 수 있다.

자수성가한 부자들은 공통적으로 절실함을 가지고 최선을 다하는 사람을 볼 때 적극적으로 도와주려고 한다. 과거 고생하던 자기 모습이 떠올라 열정과 절실한 마음으로 일에 몰입하는 사람에게 도움의 손길을 아낌없이 내민다. 이 과정을 통해 부자들은 과거의 자신을 대면하고 그들을 도움으로써 아픔을 치유한다. 성공한 사람들은 자신의 조언을 듣고 바로 실행할 자세가 되어 있는 사람에게만 시간을 쓴다. 당신이 그런 마인드와 자세가 되어 있지 않다면, 아무리 많은 부자를 만나더라도 성장할 수 없다.

라이프 코칭 인터뷰에서 만난 30대 여성분은 자신이 꼭 만나고 싶은 사업가 멘토와의 만남을 고민했다. 그녀는 그에게 자신이 어떤 도움을 줄 수 있을지를 제일 먼저 고민했다. 그리고 그 사업가 멘토가 가장 최근에 출간한 책 후기를 진심을 다해 블로그에 작성했다. 그런 다음 그 후기가 검색 최상위에 노출될 수 있게 했다. 직장에서 블로그 상위 노출 노하우를 터득했기 때문에, 자신이 가진 능력으로 저자를 돕는 가장 확실하고 가시적인 방법을 택한 것이다. 그 노력은 저자의 환심을 사기에 충분했다. 결국 그는 그녀와의 만남에 응했고, 그녀는 이 만남을 통해 오랫동안 가져온 고민을 해결할 결정적 힌트를 얻을 수 있었다.

서로 '윈윈'이 되는 만남이 이루어진 것이다.

그녀가 빠르게 기회를 가질 수 있었던 것은 스스로 그 기회를 찾아 나섰기에 가능했다. 자기에게 영감을 줄 멘토를 만나게 해달라고 기도하는 대신, 그 멘토를 만날 능력을 자기에게서 찾았기에 꿈이 실현된 것이다.

소포클레스는 말했다.

"스스로 돕지 않는 자는 기회도 힘을 빌려주지 않는다."

당신은 혹시 인생을 바꿀 기회를, 당신을 도울 귀인을 저절로 만나게 되기를 바라고 있지는 않은가? 그렇다면 그 귀인의 눈에 띄어 당신이 먼저 그에게 제공할 무언가부터 찾기 바란다. 가만히 앉아 있기만 하는 사람의 재능과 가능성을 먼저 알아봐 줄 이는 어디에도 없다.

일의 본질을 아는 사람이
성공한다

누구나 지금보다 더 많은 돈을 벌고 싶어 한다. 그래서, 돈이 되는 업종을 눈에 불을 켜고 찾으려고 한다. 돈이 된다고 하면 여기저기로 무리를 지어 몰려다닌다. 그런데, 돈을 많이 버는 사람은 왜 소수일까?

돈을 많이 벌고 싶다면 그 방법을 '업종'에서 찾으면 안 된다. 세상의 부자들은 정말 다양한 일로 성공했다. **정답은 '어떤 일을 하는가'가 아니라 '그 일을 어떻게 하는가'에 있다.** 지금 당신이 속해 있는 업종에서도 누군가는 노다지를 캐고 있다는 것을 잊지 말자.

다음에 들려줄 두 명의 아르바이트생 이야기를 듣고, 당신이 어느 쪽에 가까운지 생각해보기 바란다.

나는 강남에 있는 강의장을 대관해서 여러 번 사용한 경험이 있다. 그때 만났던 한 명의 아르바이트생을 지금도 기억한다. 그는 사람들의 시선을 의식하지 않고 묵묵히 제 일에 집중하는 청년이었다. 강의가 끝나면 소독약을 뿌리며 책상 하나하나를 빈틈없이 닦았다. 대강 깨끗해 보인다고 생략하는 법이 없었다. 강의 시작 전엔 수강생들이 도착한 순서대로 질서 있게 줄을 세우며 항상 웃는 얼굴로 사람들과 인사를 나누었다. 수강생들이 그를 내 수업의 스태프로 착각할 정도였다. 그의 도움 덕분에 나는 온전히 강의에 집중할 수 있었다.

어느 날, 그 청년에게 같이 일해볼 생각이 없는지 물어보았다. 그는 곧 호주로 공부를 하러 갈 계획이고 지금은 학비를 벌기 위해 아르바이트를 하는 것이라고 했다.

한편 정반대의 이유로 기억하는 아르바이트생이 있다. 폭염이 기승을 부리던 8월의 어느 날, 강의실 에어컨이 작동하지 않아 실내가 땀 냄새로 진동했다. 이대로는 도저히 강의를 진행할 수 없겠다고 판단해 담당 아르바이트생에게 상황을 설명했다. 그는 중앙 냉방식인데 이상하게 작동이 안 된다는 말만 반복하며, 주말이라 관리실과 연락이 안 되니 할 수 있는 일이 없다고 했다. 결국 내가 직접 대관 업체 대표에게 전화해 상황을 전했고, 전화를 끊고 얼마 지나지 않아 에어컨은 정상적으로 작동했다. 알고 보니 에어컨이 고장 난 것이 아니라 단순 가동 오류였다. 이후로 그 대관 업체를 한 번도 이용한 적이 없다. 아르바이트생 한 명 때문에 그 업체는 고객 한 명을 잃게 된 것이다.

아르바이트생에게 너무 많은 것을 기대하는 것 아니냐고 반문하는 사람이 있을지도 모르겠다. 하지만 고객은 아르바이트생 한 명도 그 회사, 브랜드로 인식한다. 강의장을 대관하는 업체의 본질은 강사와 수강생이 강의에만 집중할 수 있는 환경을 제공하는 것이다. 그 기본이 결여되어 있다면, 잘못이 아르바이트생에 있든 아니든 관계없이 소비자는 등을 돌린다.

'시급만 버는 자리이니 적당히 일하면 된다'라는 마음가짐으로 임하는 사람은 무슨 일을 해도 성공할 수 없다. 일을 대하는 정성은 그 일의 본질을 아느냐, 모르느냐에 따라 결정된다. 아무리 사소한 일을 하더라도 그 일의 본질에 집중하고 고객을 만족시켜본 경험이 있을 때 그 경험이 다음 일에서 성장할 자산이 된다. **누군가를 완벽하게 만족시켜본 적이 있는가?** 하는 일의 형태와 상대하는 사람들이 다를 뿐, 이것이 세상 모든 일의 가장 중요한 본질이다.

몰입의 나비효과

매년 명절마다 안부 연락을 주는 인생 후배가 있다. 지금은 직원을 여러 명 둔 회사 대표가 되었다. 대학에서 유리 공예를 전공한 그는 잡지에도 실릴 정도로 실력을 인정받던 전도유망한 공예 예술가였다. 그는 평소에 좋아하던 운동화를 소재로 유리 공예 작품 활동을 했다. 하지만, 미국 유학 준비를 하던 중에 갑작스러운 아버지의 투자 실패로 가세가 기울었다. 낙담만 하고 있기에는 시간이 없었고, 그는 곧바로 꿈을 포기하고 생활 전선에 뛰어들었다. 그가 선택한 일은 신발 가게 판매 점원이었다. 신발이 그의 인생의 연결 고리가 되어준 것이다.

그가 신발 판매직을 선택한 또 다른 이유는 많이 팔수록 판매 수당이 늘어나는 구조였기 때문이다. 회사나 일을 선택할 때 내가 늘 강조하는 기준, '성과를 내는 만큼 수익을 얻는 일'을 선택한 것이다. 이 일을 하는 동안 그는 누구도 따라올 수 없는 무서운 몰입을 보여줬다. 판매직으로 근무할 때는 고객이 원하는 제품의 재고를 창고에 가서 일일이 확인했다. 휴일에도 출근해서 신발 창고를 정리하며 재고의 위치와 수량을 달달 외웠다. 매장에서 고객이 재고 현황을 물으면 지체 없이 응대하고 최대한 신속하게 제품을 가져다줌으로써 고객의 시간을 아껴주기 위함이었다. 그를 향한 고객의 신뢰는 점점 쌓여갔고, 자발적으로 다른 사람을 데리고 매장을 찾는 사람도 늘었다. 손님들은 기꺼이 그를 위한 판매 사원이 되는 것을 자처했다.

그가 사람들의 신뢰를 얻기 위해 노력한 건 '빠른 서비스'만이 아니었다. 요즘 마케팅에서 강조하는 '퍼스널 브랜딩'을 그는 오래전부터 몸소 실천했다. '탈모'라는 자신의 신체적 단점을 친숙한 브랜딩으로 이용한 것이다. 매장에서 그의 호칭은 '빡빡이'였다.

매장을 찾은 손님들은 여러 명의 점원이 있어도 하나같이 '빡빡이형'을 찾았다. 그 역시 자신만 찾는 고객들에게 한결같이 인사했다.

"감사합니다. 다음에도 저 빡빡이 찾아주세요."

친숙하고 위트 있는 응대와 인사, 웃음, 친절함으로 자기만의 브랜드 마케팅을 계속했던 것이다.

그렇게 그는 월 1억 이상의 매출을 달성해 전국 1등 판매 사원이 되었다. '전국 1등 판매 사원'은 그가 이 일에 뛰어들던 순간부터 정한 목표였다. 그리고 이 목표를 달성하기 위한 구체적인 액션을 공부하고 거기에만 무섭게 몰입했다. 전도유망한 공예예술가였던 그는 그렇게 전혀 다른 분야에서 최고가 되었다.

하지만 조직이라는 것이 그렇게 호락호락하지만은 않다. 눈에 띄는 실적으로 시선을 받으면 견제하고 방해하는 세력이 생기게 마련이다. 그는 결국 회사를 퇴직하고 신발을 파는 온라인 쇼핑몰을 차려 성공적인 론칭을 했고, 이후 신발뿐 아니라 의류 및 액세서리까지 제품 영역을 확장해나갔다. 현재 그는 라이프 스타일 편집숍 '라스트픽'을 운영하며 성수동에 오프라인 매장과 사무실을 두고 브랜드 인지도를 계속 높이고 있다.

사람들은 자신의 분야에서 두드러진 활동을 보이는 동종업계 사람들을 볼 때 자신이 성공하지 못한 이유는 그 사람만큼 맞는 일을 만나지 못했기 때문이라고 생각한다. 그동안 했던 자신의 선택과 현재 하고 있는 일을 일면 부정하는 것이다. 물론 그런 이유도 있을 수 있다. 하지만, 당신이 몸담고 있는 직종에서도 새로운 사업의 신흥강자들이 계속해서 나오고 있다. 즉, 당신이 회사에서 몸값을 올리고 싶거나 사업에서 성공을 하고 싶다면, 제일 먼저 현재 있는 곳에서 진정으로 몰입했는지를 자각해봐야 한다. 무조건 열심히만 한 것이 아닌, 그 일의 본질을 찾아서 100%의 능력을 쏟아부은 적이 있는지 말이다. 당신이 마트에서 생고기를 팔고 있다면 고기 박사가 되어야 한다. 고기를 잘 팔기 위해서는 육가공 업체에서 고기를 스스로 해체하는 법을 배우고, 고기의 부위별 명칭뿐 아니라 부위별 맛의 차이와 요리 방법까지 숙지하고 있어야 한다. 직접 부위별 요리법을 배우고, 고기를 구매하는 고객들에게 자신만의 요리 비법도 전수해줄 수 있어야 당신은 고기 판매왕이 될 수 있다. 해당 분야에서 확실한 전문가가 되기 위해 몰입해야 성공이라는 선물을 받을 수 있다.

가끔 이런 말을 하는 사람들을 볼 때가 있다.

"내가 그 시대에 태어났으면 크게 성공했을 텐데."

"이 일 말고 다른 일을 했으면 더 잘 맞았을 텐데."

"20대 때 그 회사에 들어갔으면 지금보다 훨씬 성장했을 텐데."

지금 하는 일을 잘하지 못하면서 다른 일은 더 잘했을 거라 생각하는 것은 망상이다. 사람은 현재 하는 일에서 성과를 내야만 다음 스텝으로 발전해나갈 가능성을 인정받게 된다. **당신이 몰**

입할 것은 언젠가 주어질지 모를 기회가 아니라, 지금 당신에게 주어진 일이다.

운은 능동적으로 몰입하는 사람에게 온다

성공한 사람들의 이야기를 들어보면 마치 짠 듯이 공통적으로 하는 말이 있다. 바로 '나는 운이 좋았다'라는 말이다. 많은 사람이 이 얘기를 듣고 '역시 나는 아직 때를 만나지 못한 거야'라는 막연한 희망을 품는다. 그러나 운은 아무한테나 오지 않는다.

'운(運)'을 사전적 의미로만 해석하면 '이미 정해져 있어 인간의 힘으로 어쩔 수 없는 천운'이란 뜻이 된다. 모든 성공이 하늘이 미리 점지해서 내려주는 것이라면, 이 논리는 성공하지 못한 사람들에게 기가 막힌 면죄부가 될 것이다. 모든 성패가 운으로 설명될 테니 말이다. 그러나 성공한 사람들이 버릇처럼 이야기하는 운은 사실 하늘이 아닌 스스로 점지한 것이다. '수동적 운'이 아니라 '능동적 운'인 것이다. 이들은 감나무 아래에서 언젠가 떨어질 감을 입 벌리고 기다린 것이 아니다. 감나무에 올라가서 감을 직접 딸지, 감나무를 흔들어서 떨어지게 할지 고민하고 실행에 옮긴 사람들이다. 그리고 결국 맛있는 감을 먹게 된 것을 두고 '운이 좋았다'고 말할 뿐이다. 감 농사가 잘될 날씨였다거나, 태풍이 다행히 비껴간 것을 두고 하는 말이다. 즉 성공의 결과를 갖고 운이 좋았다고 말하는 것이 아니라, 그 성공을 얻는 과정에서 도움받은 유무형의 사람, 환경, 상황 등을 두고 하는 말이다.

자기 삶을 운으로 돌리는 사람은 두 종류로 나뉜다. 한쪽은 운을 핑계로 삼으며 수동적 삶을 살고, 다른 쪽은 자신의 성장을 운으로 돌리며 겸손하고 능동적인 삶을 살아간다. 당신은 어느 쪽인가?

일단
내 발아래부터 파라

성공하고 싶은 사람들은 먼저 남이 이미 성취한 것을 벤치마킹하려는 성향을 보인다. 성공한 멘토의 장점을 따라 배우는 것은 성장에 분명 많은 도움이 된다. 하지만, 지금까지 당신의 선택들의 집합인 인생의 족적은 결코 무시해선 안 된다.

유튜브 크리에이터가 되겠다는 목표를 정하면 대개는 현재 구독자 수와 조회 수가 많은 분야부터 찾으려고 한다. 유튜브로 성공한 사람들은 아이템을 찾을 때 우선 자신만이 갖고 있는 유무형의 자산을 찾고 그것에 집중함으로써 빠른 속도로 성장할 수 있었다. 당신이 지금까지 대충 살지 않았다면 분명히 당신만의 가치를 가지고 있을 것이다. 그걸 찾는 것이 우선인데, 사람들은 자꾸만 다른 사람들에게서 자신을 찾으려고 한다. 자기 삶을 존중하지 않는 사람이 어떻게 타인들에게 도움을 줄 수 있겠는가. 비단 유튜브뿐 아니라 다른 모든 분야에서도 당신이 걸어온 족적을 먼저 존중하고 거기서 답을 찾아보길 바란다.

기회를 찾으려면 당신이 밟고 서 있는 곳부터 파보아야 한다. 당신이 서 있는 곳은 그동안 당신이 내린 크고 작은 선택들이 모인 결과물의 총합이다. 그 판도라 상자 안에 많은 사람이 필요로 하거나 궁금해하는 것들이 숨어 있을 가능성이 높다. 그런데 사람들은 자신이 그동안 쌓아온 유무형의 자산의 가치를 평가절하하고 남의 것을 탐하려고만 한다. 그러다 보니 쉽게 갈 수 있는 길도 힘들게 돌아서 간다. 뛰어난 능력을 갖고 있으면서 시선은 항상 다른 곳에 두고 살아간다. 당신의 시선은 당신의 발아래를 보고 있는가, 아니면 다른 사람들만을 향해 있는가?

비원 모임에는 아주 다양한 직업군이 모여 있다. 그중에는 전문직에 종사하는 사람들도 많다. 하루는 변호사인 회원이 나에게 이런 질문을 했다. 이제는 전문가들의 시대가 점점 저물어가는 것 같은데, 지금 하고 있는 일 이외에 다른 추가 소득을 시도해야 할 것 같다는 얘기였다. 당시 온라인 쇼핑몰 시장이 한창 활발한 시기였는데, 그도 그걸 시도해봐야 할 것 같다고 했다.

나는 그런 고민은 접고 당신이 현재 하고 있는 일에 더 집중하는 것이 좋겠다고 조언했다. 예를 들어 목소리와 전달력이 좋으니 유튜브를 통해 그만이 가진 전문적인 지식과 경험으로 다른 사람을 도와주는 데 시간과 에너지를 쓰라고 권했다. 그 활동이 당장 돈이 안 될 수는 있지만, 결국은 시간이 그의 편이 될 것이라고 말했다. 그는 경찰대학을 졸업하고 다시 사법시험을 준비해서 변호사가 된 케이스였기에, 다른 변호사들에 비해 형사소송에 더 전문성을 가지고 있었다. 그 전문성을 살리는 데 집중하는 것이 그의 가치를 높이는 지름길이고, 막연한 불안감을 해소하는 방법이라고 생각했다. 그는 이후 '미친 실행력'으로 유튜브를 시작했고, 현재 '서변의 폴리스 스토리'라는 구독자 5만 명이 넘는 채널을 운영하고 있다. 다른 변호사들이 마케팅 회사에 돈을 주고 홍보할까 고민하는 동안, 그는 직접 자신의 브랜드를 키워왔기 때문에 고객 확보에도 많은 도움을 받을 수 있었다.

세간의 애정과 부러움을 한 몸에 받는 크리에이터들은 어느 날 갑자기 그 땅을 선점해서 성공한 것이 아니다. 남들이 쉴 때, 남들이 잘 때, 남들이 놀 때 자신만의 방식으로 자신의 전문성을 파고 또 파서 얻은 결과물인 것이다.

아주 빛나는 보석을 품에 안고 있음에도 그 보석이 당사자의 눈에는 잘 보이지 않는 경우가 많다. 자기 보석을 찾기 위해서는 우선 과거에 경험했던 일이나 현재 하고 있는 일, 또는 취미와 특기에서 기회의 씨앗을 찾아야 한다. 이를 실현하려면 첫 번째로 자기 일의 본질을 알고 깊이 파야 하고, 두 번째로 그 생각을 사업적 회로로 바꾸어야 하며, 세 번째로 실패하더라도 다시 시도할 수 있는 것들을 꾸준히 계속해야 한다.

> 추구하는 것은 이곳에 있다. (…) 이곳이 아닌 어느 먼 장소에, 알지 못하는 이국의 땅에 자신이 찾는 것, 자신에게 가장 맞는 것을 찾으려는 젊은이들이 지나치게 많다. 실은 자신이 한 번도 시선을 주지 않았던 발아래이기에 끝없이 깊은 샘이 자리하고 있다. 추구하는 것이 묻혀 있다. 자신에게 주어진 많은 보물이 잠들어 있다.
>
> —『초역 니체의 말』 중에서

당신이 추구하는 것은 여기, 지금 이곳에 있다. 이 진리를 항상 마음에 새기길 바란다. 미지의 먼 장소에서, 제대로 알지도 못하는 이국의 땅에서 자신의 본질과 가치를 찾는 어리석음은 인생에 아무런 도움이 되지 않는다.

당신의 경험에서
최고의 사업이 시작된다

지금 당신이 밟고 있는 땅을 아무리 깊이 파도 당신이 원하는 일을 찾기 힘들 수도 있다. 그렇다면, 당신이 살아오면서 경험했던 것들 중에서 찾아보자. 과거의 경험은 앞으로의 직업을 결정하게 만들기도 하고, 기가 막힌 사업 아이템이 되기도 한다. 또한, 과거의 특별했던 경험은 잠재 고객들에게 감동과 신뢰를 주기에 충분하다.

86년생 부부의 사례다. 이들 부부는 2018년에 경기도에 실거주 아파트를 매수했다. 당시는 부동산 상승장이었기에 자산 가격이 많이 올랐다. 2021년 더 좋은 입지로 실 거주 갈아타기를 하기 위해 선 매수 후 매도를 진행했는데, 기존 집이 팔리지 않아 잔금을 치르는 데 큰 어려움을 겪었다. 이런 경우 잔금을 치르지 못하면 매매 계약금을 손해 볼 수 있기 때문에 기존 집을 매도하기까지 간담이 서늘했을 것이다. 이때의 경험으로 가계에 더 많은 현금 흐름이 절실하다는 판단을 하게 되었고, 이는 이들 부부가 사업을 결심한 결정적 계기가 되었다.

그녀는 식품영양학을 전공했고, 임상영양사로 대기업 유통 회사에서 근무한 경험이 있었다. 또 사상의학과 관련한 강의 경력도 있었다. 한의학을 전공하지 않았는데 사상의학에 몰입하게 된 계기가 궁금해서 더 자세히 물어보았다.

그녀는 어릴 때부터 '피부묘기증'이라는 병을 앓고 있었다. 더운 여름에도 가려움에 긁어 부풀어 오른 피부를 가리기 위해 긴 옷을 입어야 하는 불편을 감수해야 했다. 피부묘기증은 정확한 발병 원인이 밝혀진 바 없다 보니 완치가 불가능한 병으로 알려져 있다. 뚜렷한 처방이 없는 병 때문에 불편하고 답답했던 그녀는 스스로 자신의 병을 치료해보자고 결심하고 사상의학을 공부하기 시작한 것이었다.

이후 그녀는 사상의학을 공부한 경험을 사업화해보기로 결심했다. 한마디로 '자기 융합'을 시도한 것이다. 우선 정부지원 사업에 지원해서 초기 자본금을 마련했다. 제품을 개발하는 데 부족한 부분은 전문가의 도움을 받았다. 그렇게 자연 성분 기반의 스킨케어 브랜드 '풀림FULIM'을 만들었고, 현재 일본 이커머스 시장과 국내 시장에서 좋은 성과를 내고 있다. 비슷한 피부염 증상을 겪는 고객들이 특히 이 브랜드 제품에 높은 만족감을 보였다. 그녀는 자신의 경험과 노력으로 다른 사람들에게 도움을 줄 수 있음에 행복해하고 있다. 돈은 자연스럽게 그녀를 따라가게 될 것이다. 여기서 멈추지 않고 그녀는 한국과 일본 시장을 넘어 글로벌 시장으로 판로를 키우기 위해 마케팅 및 어학공부를 병행하고 있다.

경험을 성공의 발판으로 삼은 또 다른 사례로, 20대 후반 청년의 이야기를 들려주겠다. 그는 어머니가 동맥경화로 건강이 악화되면서 오로지 어머니의 건강 회복을 위해 도서관에 가서 관련 치료 서적을 닥치는 대로 찾아서 읽었다. 지독하게 공부한 끝에 그는 자연식물식 식단을 통해 어머니의 병을 호전시켰다. 그리고 고지혈증이 심한 친구에게 자연식물식 식단을 추천했고, 친구 또한 꾸준한 식단 조절을 통해 고지혈증이 개선됐다. 그는 이 경험을 살려 어머니나 친구와 같은 질병을 앓는 사람들에게 자신이 개발한 자연식단을 제공해서 건강한 삶을 살게 해주고 싶다는 목표를 갖고 있다.

만일 당신이 삶에서 불편했던 문제를 직접 해결해본 경험이 있다면, 거기에 당신의 사업 아이템 실마리가 숨어 있다. 다수의 사람이 비슷한 경험을 하고 같은 불편을 느껴도, 그중 극소수만이 타인에게 의지하지 않고 스스로 문제를 해결하기 위해 몰입한다. 그리고 그 몰입은 인생을 바꾸는 계기가 되기도 한다.

살면서 힘든 경험을 많이 했는가? 그렇다면 축하한다. 당신은 이미 당신만의 일에 몰입할 수 있는 기회, 사람들의 신뢰를 얻을 만한 스토리를 가진 셈이다.

지금 하는 일과
좋아하는 일을 연결하라

사람들은 처음엔 익숙하지 않아도 어떤 일을 반복적으로 계속하면 결국 익숙해지고 잘하게 된다. 그래서 사람들에게 잘하는 일이 무엇이냐고 물어보면 대부분 현재 하고 있는 일을 이야기한다.

비원 모임 회원 중에 프로그램 개발자로 재직 중인 직장인 K 씨가 있다. 그는 '우리 모두는 사업을 할 운명을 갖고 태어났다'는 나의 말에 엄청난 자극을 받았다고 했다. 그 생각은 지속적으로 그의 머리를 괴롭혔고, 직장에서 매일 익숙하게 해온 프로그램 개발과 비원에서 배운 부동산 투자를 융합해볼 계기가 되었다. 자신이 만든 프로그램이 사람들의 불필요한 데이터 검색 시간을 아껴줄 수 있다고 생각했고, 시중에 공개된 데이터 중 꼭 필요하다고 판단되는 것들을 선별해서 '알부자(albuja.me)'라는 부동산 정보 사이트를 만들었다. 홈페이지 제작부터 프로그램까지 자체적으로 만들었으니 고정비는 거의 발생하지 않았고, 자신이 잘하는 일을 활용했기 때문에 무자본 창업에 가까웠다. **실패하더라도 잃을 것이 없는 게임**인 것이다.

수많은 프로그래머가 직장을 다니고 있지만, K 씨처럼 직장을 다니면서 자기만의 피라미드를 만들 생각을 하는 사람은 극히 드물다. 추가 소득을 만들더라도 자신이 익숙하게 잘하는 일이 아닌 완전히 동떨어진 별개의 영역에서 찾으려고 한다. 프로그래머가 떡볶이를 파는 것과 같은 선택을 하는 식이다. 국가적 손실이 아닐 수 없다.

프로그래머의 경우 직장을 나오더라도 레드오션에 뛰어드는 경향이 많은 직종인데, K 씨의 '알부자'처럼 자신이 관심을 두고 있는 분야에 자신의 프로그래밍 지식과 경험을 접목시키면 사용자 입장에서 사업에 접근할 수 있기 때문에 블루오션을 만들어낼 수 있다. 잘하는 분야와 관심 있는 분야 두 가지를 융합하는 것만으로 말이다. 더구나 K 씨가 속한 비원 모임은 사업과 부동산 투자에 관심 있는 유효 수요층이 몰려 있는 곳이기 때문에 곧바로 수익화를 시도할 수 있었다. 어떤 분야건 이런 식의 융합이 가능하다. 당신이 잘하는 것을 당신이 좋아하거나 관심이 있는 것과 접목시켜보길 바란다.

K 씨 또한 직장을 다니면서 자신이 사업을 시작하게 될 줄은 상상도 하지 못했다고 한다. 나중에 사업을 한다면 어떤 아이템을 선택해야 할지도 막연했던 그였다. 그리고 결국은 자신이 걸어온 족적에서 그 일을 찾았다. 현재 '알부자' 서비스는 부동산 투자를 하는 나 역시도 즐겨 사용하는 고마운 프로그램이다. 앞으로도 꾸준히 고객의 입장에서 프로그램을 업그레이드 해나간다면, 그는 잠자는 순간에도 통장에 돈이 쌓이는 삶을 경험하게 될 것이다.

직장을 다니면서 사업을 하면 회사 일에 소홀해지지 않을까 걱정하는 사람들이 간혹 있다. 하지만 쓸데없는 걱정이다. 현재 K 씨는 회사에서 모범 사원으로 통하며 동기들에 비해 빠르게 승진한 책임감 있는 직원이다. 회사 일과 자기 사업이 밀접히 연결되어 있으면 오히려 엄청난 시너지가 발휘된다. 회사 일과 사업이 상호 연관되어 있기에 기존의 직장 업무에 도움이 되는 부분이 훨씬 크다.

당신이 현재 배우고 있거나 관심을 갖고 있는 영역을 떠올려보자. 그 분야를 공부하거나 즐기거나 익히는 사람들이 특별히 불편하다고 느끼는 것이 있을까? 그들의 노력과 시간을 절약해줄 만한 서비스를 당신이 가진 익숙한 기술로 제공해줄 수 있을까? 지금 머릿속에 떠오른 그것이 1의 게임에 참여할 첫 번째 티켓이다.

좋아하는 것과 잘하는 것 둘 중 하나를 선택해야 한다는 고정관념을 버려라. 그 두 가지를 결합하는 과정에서 생각지 못한 가능성을 발견하게 될 것이다. 지금 당장 아이디어가 떠오르지 않는다고 해서 답이 없다고 단정하지 말고, 일상에서 이 고민의 과정을 계속 반복해보기 바란다. 어느 순간 무릎을 치는 순간이 올 것이다. 될 때까지 꾸준히 시도하는 것이 중요하다. 앞으로의 세상을 이끌게 될 사람은 '융합할 수 있는 사람'이라는 것을 명심하기 바란다.

좋아하는 일과 잘하는 일

커리어 상담을 하다 보면 이런 질문을 자주 받는다.

"좋아하는 일과 잘하는 일 중 어느 쪽을 선택하는 게 현명할까요?"

그런데, 좋아하는 일을 잘하는 사람보다는 잘 못하는 사람들이 더 많다. 그래서 나는 잘하는 일을 먼저 하라고 말해준다.

좋아하는 일과 잘하는 일의 가장 큰 차이점은 '타인의 평가 유무'에 있다. '나는 A를 잘한다'고 답했다면, 자신이 그걸 좋아하든 아니든 타인으로부터 A에 대해 지속적인 칭찬과 인정의 말을 들었을 확률이 높다. 주변에서 "너는 A를 잘해"라는 칭찬의 말이 축적되어 뇌에 그렇게 각인된 것이다.

세상엔 좋아하는 일을 선택하는 사람들이 많다. 물론 좋아하는 일을 잘하기까지 한다면 금상첨화다. 그런 사람들은 정말 복받은 사람들이다. 하지만, 대다수는 어떤 일을 좋아한다고 해서 그 일을 잘하지는 못한다. 그러면 그 일을 월등히 잘하는 사람에게 돈을 벌 기회만 몰아줄 확률이 높다.

사람들은 당신이 좋아하는 일에는 별로 관심이 없다. 인간은 모두 자신에게 도움이 되는 것에 관심을 갖기 때문에, 당신이 잘하는 것 중 그들의 필요와 욕구에 부합하는 뭔가가 있을 때 당신에게 다가와 그에 상응하는 대가를 기꺼이 지불한다. 그렇게 당신이 잘하는 것이 수요와 만나 부가가치를 만들어낸다. 당신이 판단하는 주관적 '나'보다 타인이 판단하는 객관적인 당신이 돈과 연결될 가능성이 훨씬 높은 것이다.

그러므로 잘하는 것을 더 정교하게 가다듬는 데 우선 집중하자. 그것이 당신을 경제적 성장으로 인도해줄 것이다. 경제적으로 돈이 되어 성과가 나타나면 잘하는 일에 재미를 느끼고 좋아하게 되는 것이 인지상정이다. 좋아하는 것은 그다음에 돈과 시간에 구애받지 않고 하면 된다. 시간에 구애받지 않고 좋아하는 것을 열심히 하다 보면 또 그걸 잘하게 되는 경우가 많다. 잘하는 일로 소득을 만들어 인생의 선순환을 만들고, 이후에 시간과 돈에 구애받지 않고 좋아하는 일에도 함께 몰두할 수 있다면 가장 이상적인 인생이다.

좋아하는 데 잘하는 일이 있다면, 성공 방정식은 쉽게 풀린다

라이프 코칭에서 만난 40대 중반 부부의 이야기다. 아내는 무인카페를 운영 중이고 남편은 공기업에 재직하고 있는데, 정년퇴직 후 노후를 준비하기 위해 자격증 취득을 준비 중이다. 그는 미래에 대한 막연한 걱정을 오랫동안 품고 있었지만, 노후에 무얼 하며 제2의 인생을 살아야 할지 방향성을 찾지 못하고 있었다. 100세 시대인 지금은 50대 이전과 이후로 첫 번째 인생과 두 번째 인생이 나뉜다. 그에게 좋아하는 일이 무엇이냐고 물었더니 낚시라고 했다. 잘하는 일은 무엇이냐고 물으니 그 역시 낚시였다.

그는 낚시대회에 나가면 언제나 1등을 했고, 못해도 3등 안에는 들었다고 한다. 낚시터에서 항상 다른 사람들에 비해 자주 물고기를 잡았고 주로 월척이었다. 주변에 있던 낚시광들은 처음엔 그가 물고기가 잘 잡히는 장소를 선점했다고 생각하고 그의 주변으로 자리를 옮겼다. 장소를 옮겨도 성과가 없으면 그가 사용하는 미끼, 낚싯대의 브랜드 등에 대해 관심을 갖기 시작했다. 자리, 미끼와 낚싯대까지 같은데 달라지는 게 없자, 그때부터 사람들은 그의 능력을 인정하고 기꺼이 대가를 지불하고 낚시 잘하는 법을 배우려고 했다. 좋아하는 것을 잘하고 싶은 것은 인간의 당연한 욕구다. 그런 수요는 기꺼이 비법을 배우기 위해 돈을 지불한다. 낚시광인 그는 이 수요자들에게 제공할 능력을 이미 가지고 있었던 것이다.

그도 처음부터 낚시를 잘했던 것은 아니었다. 낚시를 잘하기 위해 몰입하는 기간이 있었다. 관련된 논문을 찾아볼 정도로 물고기에 대해 모르는 것이 없을 정도였다. 그에게 물었다. 나와 같이 낚시를 한 번도 해본 적이 없는 사람에게 낚시를 잘하는 방법을 알려줄 수 있느냐고. 그는 1초의 망설임도 없이 가능하다고 했다. 누구든 자기한테 배우면 낚시를 아주 잘하게 될 수 있다고 자신했다. 이런 자신감은 몰입의 동굴 속 시간을 경험한 사람만이 가질 수 있는 특권이다.

나는 앞으로 낚시를 할 때 카메라로 촬영을 하라고 조언했다. 그리고 촬영한 영상을 유튜브와 같은 SNS에 올리고, 각 낚시터의 장단점과 낚시 노하우, 잡은 물고기들에 대한 정보 등을 공유하라고 했다. 이런 행동이 당장은 돈이 안 되고 무의미해 보일지 모르지만, 큰 투자금이 들어가는 것도 아닌데 안 할 이유가 없다. 시간이 흐르면 그의 경험과 지식을 필요로 하는 사람들을 통해 인정받게 되고, 자연스럽게 자신의 가치를 높이는 경험을 하게 될 것이다. 나아가 자신만의 도심 속 낚시터 사업을 할 수도 있고, 그곳에서 낚시하는 법을 가르치는 교육업에 종사하게 될지도 모른다. 낚시와 관련된 방송 프로그램에서 연락이 올 수도 있고, '물고기 박사', '낚시왕'이라는 타이틀을 달게 될지도 모를 일이다. 그가 개발한 낚싯대를 팔 수도 있다. 새로운 기회가 하나둘씩 늘면서, 미래를 막연히 불안해하는 것이 아니라 앞으로 어떤 일이 일어날지 하루하루 기대하는 삶을 살아갈 것이다.

이처럼 좋아하는데 잘하는 일이 있다면, 인생의 성공 방정식을 적용하는 것이 훨씬 쉬워진다.

당신이 자주 받는 질문 속에 답이 있다

당신이 무엇을 잘하는지 모르겠다면, 쉽게 확인할 수 있는 두 가지 질문이 있다.

첫째, 주변 사람들이 당신에게 자주 물어보는 것이 있는가? 지인이 다른 사람의 사연을 가지고 당신에게 대신 궁금한 것을 물어보는가? 그런 분야가 있다면, 당신은 그 일에 전문성을 가졌다고 볼 수 있다. 몰입의 시간을 통해 만들어진 가치를 내재하고 있다면, 사람들은 당신에게 궁금한 것을 물어보고, 기꺼이 대가를 지불하면서 도움을 청할 것이다. 공급이 있는 곳에 수요가 생기는 것이 아니라, 수요가 있는 곳에 공급이 자연스럽게 따라오는 것이다. 그 수요는 가치Value를 판단해서 결정하기 때문에, 당신이 그런 가치의 향기를 품고 있다면 굳이 드러내지 않아도 사람들은 당신의 가치를 알아볼 수밖에 없다.

둘째, 불특정 다수의 사람들에게 자신에 대해 알릴 수 있는 기회가 있다면, 그것을 활용하는 것이 좋다. 물론 사람들 앞에 나서서 자신을 밝히는 것이 어렵다는 것은 알고 있다. 하지만, 그런 기회를 통해 당신이 모르는 당신만의 가치를 찾을 수 있다.

비원 모임 스픽 마이 셀프 시간에 어떤 분이 자신은 여러 커플을 연결해준 경험이 많고 그 일을 잘한다고 했다. 당시 그녀는 직장을 다니면서 사업을 할 수 있을 거라고는 상상도 하지 못했다. 나는 그녀에게 커플 매니저 일을 수익화 모델로 잡아서 사업을 시작해보라고 적극 권했다. 그녀는 결국 '달데이DalDay'라는 브랜드를 론칭했고, 지금은 본업과 병행해서 많은 선남선녀의 인연을 맺어주는 커플매니저 사업을 운영하고 있다.

자기 눈엔 잘 보이지 않는 자기만의 가치가 타인의 눈에는 선명하게 보이는 경우가 아주 많다. 이것이 최대한 많은 사람에게 자신을 드러내야 하는 이유다. 사람들의 시선에 많이 노출될수록 당신만의 가치를 찾을 가능성이 높아진다.

작게 시작하는 법

2018년 가을, 비원 오프라인 정모에서 있었던 일이다. 자신의 성장 스토리 또는 삶에서 얻은 작은 깨달음이라도 공유하고 싶은 분들을 선착순으로 모집했고, 총 네 명이 강단에 서겠다고 손을 들었다. 그중 한 분은 '작게 시작하는 법'이라는 제목으로 발표를 했다.

발표 초반, 그는 이런 말로 자신의 이야기를 시작했다.

"누구나 할 수 있는 시대입니다. 단군 이래 이런 세상이 없었습니다. 가장 돈 벌기 쉬운 때는 바로 지금입니다."

지금 당장 시작하되 생각 없이 시작해서는 안 된다고 그는 강조했다. 깊이 사색하고 철저한 계획을 세운 다음 번개같이 실행하는 것이 그의 성공 전략이었다.

"월 천만 원을 벌려면 개당 만 원 남는 상품을 하루에 서른세 개 팔면 됩니다. 즉, 하루에 한 개씩 파는 것을 꾸준히 하면서 하루에 파는 숫자를 키워나가는 것이 돈을 버는 가장 최선의 방법입니다."

발표가 끝나고 많은 회원이 일제히 그에게 달려갔다. 사람들이 궁금해하는 것을 꾸준히 키우고 나눠온 그는 바로 '신사임당'이라는 이름으로 한국 유튜브계에 센세이션을 일으킨 주언규 PD다. 현재 그는 비즈니스 PT 사업을 통해 많은 사람의 꿈을 응원하고 실질적인 성장을 돕는 일에 앞장서고 있으며, 앞으로도 수많은 사업가의 멘토로 뚜벅뚜벅 성장해갈 것이다. 집요한 사색과 번개 같은 실행, 그리고 자신이 잘하는 것을 사람들에게 당당하게 드러내는 시도가 없었다면, 지금의 성장은 없었을 것이다.

익숙한 일을 사업과 연결하라

익숙한 일상생활 속에서 사업 아이템을 찾아 성공하는 경우가 있다. 당당플로우DDFLOW는 고가의 자전거를 수입해서 판매하는 업체다. 마니아층이 두터워서 주문 후에 해외에서 배송되어도 고객들이 기꺼이 기다려줄 만큼 단단한 인기를 누리고 있다. 그렇게, 재고에 대한 부담 없이 사업을 운영한다. 너도 나도 신속한 새벽 배송 서비스로 치열한 경쟁을 벌이는 '배달 강국' 한국에서, 이 업체는 고객을 기다리게 한다. 고객은 흔쾌히 즐거운 마음으로 제품이 배송될 때까지 기다린다. 기다리는 시간은 그들에게는 그렇게 중요하지 않다.

당당플로우 대표는 어떻게 이런 사업을 꾸리게 되었을까? 처음 그는 구매 대행으로 온라인 사업을 시작했고, 자전거로 쿠팡 배달을 한 경험이 있었다. 자연스럽게 매일 자신의 발이 되어주는 자전거와 친해질 수밖에 없었다. 자전거는 그에게 함께 돈을 버는 동업자였다. 어느 날 전기자전거를 알아보던 중에 시중에 판매되는 제품들이 모두 가격이 비쌀 뿐 아니라 배터리 충전 시간 또한 너무 형편없다는 것을 발견하게 되었다. 더 좋은 제품이 없는지 찾던 중에 중국에서 공급되는 전기자전거가 한국에서 판매되고 있는 제품들과 비슷한 품질임에도 가격은 한국의 70% 수준이고 배터리 사용 시간은 훨씬 긴 전기자전거를 찾게 되었다. 그는 곧바로 이 자전거를 수입해서 판매했고 꽤 많은 돈을 벌었다. 구매 대행 경력이 일을 빠르게 처리하는 데 큰 도움이 되었다.

온라인 사업을 시작하고 싶은데 뭘 팔아야 할지 막막하다는 사람이 많다. 단순히 뭘 팔지만 고민하면 아이디어는 떠오르지 않는다. 당신이 가장 잘 알고 좋아하고 자주 하는 익숙한 것에서 아이템을 찾아야 한다.

시장에서 뭐 하나가 잘 팔리면 비슷한 카피 제품들이 우후죽순 쏟아진다. 당당플로우 대표도 이 위기를 피할 수 없었다. 경쟁 제품들이 시장에 들어오면서 매출은 하락했고, 그는 대체 아이템을 찾기 시작했다. 그러던 중 그가 관심을 갖고 있던 영국 명품 자전거의 특허 기간이 곧 만료된다는 사실을 알게 되었다. 해당 디자인은 중국에서 생산되기 시작했고, 그는 가장 초기에 명품 트라이폴더 자전거를 한국에 독점적으로 판매할 수 있는 권리를 얻게 되었다. 그 결과 작년에 연 30억 매출을 달성했고, 올해에는 연 70억은 무난하게 달성할 예정이라고 한다.

수많은 라이더가 자전거로 배달을 한다. 그리고 대부분 배달'만' 한다. 하나의 피라미드를 찾아 들어가면 오직 그 피라미드만 생각한다. 그 속에서 열린 소득을 만들어줄 사업 아이템을 찾아내는 사람은 극소수다. 결국 그 관찰과 몰입, 그리고 실행의 차이가 라이더와 사업가를 가르는 기준이 된다.

겸업 금지라는 덫

직장인들에게 자기 소유의 피라미드를 만들라고 하면 대부분 '겸업 금지 조항'을 이야기한다. 회사와 직접 경쟁하는 사업, 회사에 해를 끼칠 수 있는 사업은 당연히 하면 안 된다. 급여를 받으면서 회사 업무에 소홀해서도 안 된다. 이런 측면에서 볼 때 회사가 겸업 금지 조항을 넣는 것도 어느 정도 이해가 간다. 하지만, 나는 오히려 직원에게 사업을 시도해보라고 종용한다. 단기적 시각으로 볼 때는 회사에 피해가 될 것 같지만, 장기적 관점에서 보면 사업가의 마인드를 갖춘 직원이 많아질수록 그 조직도 더 성장한다고 믿기 때문이다.

겸업 금지의 덫에 걸린 다수의 사람들은 새로운 시도를 아예 할 생각을 하지 않거나, 시도하더라도 작게 시작하다가 그만 두는 경우가 대부분이다.

라이프 코칭 인터뷰에서 만난 어떤 분은 건축과를 졸업하고 현재 종합건축사사무소에서 근무하고 있다. 나중에 건축사사무소를 차릴 계획이라고 했다. 현재 하고 있는 일과 앞으로 꿈꾸고 있는 사업이 일치하기 때문에 그녀는 회사의 대표를 멘토로 삼아, 대표가 걸어갔던 길을 걸어가면 될 것이다.

현재 하고 있는 일이 자신이 미래에 할 사업과 연결되어 있기 때문에 그녀는 회사 업무에 재미를 느끼고 최선을 다한다. 새로운 시도를 하는 데도 게을리하지 않는다. 지금은 건축사 자격증을 딸 때 다녔던 학원에서 주말 하루 문제 출제와 학원생들 숙제 체크를 하는 아르바이트를 하고 있다고 했다. 그렇게 해서 버는 돈은 월 100만 원 정도다.

오래전 그녀는 건축사 학원에서 강사로 활동한 적이 있는데, 개인 종합소득세 대상이 되면서 회사에서 알게 되었다고 한다. 건축사사무소 업무에 피해를 주는 일이 아니었음에도 이후로 그녀는 소득이 높은 일은 피할 수밖에 없었고, 회사 레이더망에 걸리지 않는 정도의 소득을 받는 일만 하고 있다. 회사가 쳐놓은 겸업 금지의 덫에 걸린 것이다.

다시 한번 말하지만, 나는 회사 일에 지장을 주지 않는 선에서 회사 밖의 시도를 필수로 해야 한다고 생각하는 입장이다. '겸업 금지'라는 조항이 그 기회를 포기할 덫이 되어서는 안 된다. 냉정히 말하면, 덫을 놓았던 회사는 덫에 걸린 당신을 구해주지 않는다. 그게 우리가 사는 세상의 민낯이다. 겸업 금지 조항의 장벽을 피할 방법은 찾아보면 얼마든지 있다. 배우자나 가족의 이름으로 사업자를 낼 수도 있고, 법인을 활용하는 방법도 있다. 하고자 하는 일이 있는데 단지 그 조항 때문에 단절된 삶을 살지 않기를 바란다.

토막 난 인생을 살지 마라

본업과 추가 소득을 무 자르듯이 구분하지 마라. 본업을 하면서 꾸준히 추가 소득의 씨앗을 뿌려라. 당장은 무의미해 보일지 몰라도, 추진력이 생기면 조각 난 부품들이 자석처럼 달라붙어 로봇으로 합체되듯 하나의 경쟁력이 되어 막강한 힘을 발휘할 것이다. 현재 당신이 하고 있는 일을 무시하거나 차단하려고 하기보다, 그 모든 일을 더 나은 삶을 위한 발판으로 삼아야 인생의 조각들이 유기적으로 의미 있게 움직이게 된다. 당신이 꿈꾸는 미래를 미루지 말고 현재 하고 있는 일과 적극적으로 연결해나가라는 말이다. 당신의 인생을 토막 내지 마라.

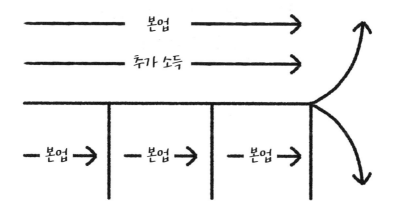

　　회사를 다니며 추가 소득 활동을 병행할 경우 본업에 지장을 줄 거라고 걱정한다면 크게 잘못 생각하는 것이다. 추가 소득을 만들어내는 경험을 하다 보면, 그 사람은 작지만 자신만의 피라미드를 생산해내게 된다. 아무리 작은 피라미드라고 하더라도 매출을 만들어내기 위해서는 큰 피라미드들이 하는 절차를 밟는다. 즉, **작은 피라미드를 경험해본 사람은 조직에서 일의 흐름과 구조를 훨씬 넓은 시야로 바라보게 된다.** 그러므로 본업에서도 더 큰 성과를 이루어낼 가능성이 높다.

당장 돈이 되지 않는 일에
시간을 투자하라

회사는 노동의 대가로 약간의 저축을 할 정도의 돈을 월급으로 지급한다. 근로소득으로 잉여소득이 발생하려면 소득 수준이 높아야 한다. 일과 자산의 자본 게임 없이 근로소득만으로 잉여소득을 축적하는 근로자는 매우 극소수에 불과하다. 그래서 당장의 수입을 늘리기 위해 퇴근 후 투 잡, 쓰리 잡을 뛰는 사람들이 있다. 편의점 알바를 한다거나 대리운전을 하는 경우도 많다. 그렇게 하는 목적이 단기간에 자본금을 모아서 자산을 사기 위함이거나, 향후 하고 싶은 일을 배우기 위함이라면 의미 있는 전략이다. 그러나 단순히 돈을 좀 더 벌기 위해 자기 몸과 시간을 갈아 넣는 경우라면 나는 단호히 말리고 싶다.

특별한 목적 없이 시간을 쪼개서 노동에 골몰할수록 부자가 되는 길과는 점점 더 멀어진다. 왜일까? 본업의 시간당 노동의 가치보다 부업으로 하는 일의 시간당 노동의 가치가 훨씬 낮기 때문이다. 시간당 가치가 낮은 일은 그만큼 더 많은 시간을 요구한다. 그 일은 당신의 에너지를 소진시키며 유의미한 인간관계까지 소홀하게 만든다.

만족할 만큼의 잉여소득을 만들고 싶다면, 당장 돈이 안 되는 행동을 시작해야 한다. 오히려 돈을 지불하더라도 현재 본업보다 비교가 안 될 정도의 시간당 가치를 만들어줄 수 있는 곳에 시간을 투자해야 한다.

당장 돈이 되는 생각과 행동은 대부분 현재 벌어들이고 있는 소득의 최대 두 배에 못 미칠 가능성이 높다. 본업으로 월 300을 벌던 사람이 본업보다 시간당 노동의 가치가 낮은 일들로 본업 소득만큼 버는 것은 현실적으로 어렵다. 만약 그걸 이뤄냈다면 정말 대단한 성과다. 하지만 분명 시간적·체력적으로 번아웃 된 상태일 것이다. 300만 원에서 600만 원으로 곱하기 2의 게임에 다행히 성공했더라도, 이 방법으로는 600만 원 수익을 1200만 원으로 올리는 곱하기 2 게임을 할 수가 없다. 따라서 월 300만 원을 벌 때 월 3000만 원을 벌 수 있는 생각과 행동을 하는 것이 중요하다.

라이프 코칭에서 만난 분이 들려준 지인의 이야기다. 그는 의사였는데, 진료가 끝나면 부동산에 가서 무보수로 일을 했다고 한다. 고소득 직군이니 진료를 늘리면 훨씬 더 많이 벌 수 있었을 텐데 왜 그런 시도를 했을까? 보통 사람들이 보면 너무 비효율적인 일을 벌인다고 할지도 모른다. 그런데, 소득의 자릿수를 바꾸는 사람들은 다수의 사람들과 다른 선택을 한다.

자본주의의 가장 중요한 두 개의 축은 바로 일과 자산이다. 일을 통한 소득을 키우는 노력을 함과 동시에 그렇게 번 돈으로 자산을 사는 것이 중요하다. 그는 일로 돈을 버는 것은 익숙하고 자신 있었지만, 자산을 사고 일과 연결하는 방법에 대해서는 전혀 몰랐기 때문에 남는 시간에 현장에서 일을 하며 배우기로 한 것이다. 결국 그는 건물을 매입했고 리모델링을 통해 100억대 자산가가 되었다. 이 같은 시도 없이 단기간에 부를 이룬 사람을 나는 본 적 없다.

당신이 본업 외에 시도하는 것 중 지금 당장 돈이 되는 일과 돈이 되지 않는 일을 구분해보자. 돈이 되는 일은 무엇이고 그 소득은 얼마인지, 돈이 안 되는 일은 무엇이며 그것으로 플러스알파의 수익을 거둘 열린 소득원이 있는지 확인해보라. 하루 한 시간도 시도하는 것이 없다면 그 일부터 꼭 찾길 바란다. 이것이 플러스 인생에서 곱하기 인생으로 나아가는 출발점이다.

SNS는 가장 막강한
지원군이다

나는 30대 중반 즈음 프랜차이즈 본사에서 대리점을 오픈하고 관리하는 총괄 업무를 맡은 적이 있다. 당시는 네이버 블로그 서비스가 시작된 지 얼마 되지 않은 때였고, 대부분의 회사에서 네이버 블로그를 마케팅으로 많이 이용하지 않던 시기였다. 그때 나는 브랜드를 사람들에게 알리려면 사람들이 가장 많이 방문하는 플랫폼에 브랜드를 노출시켜야 한다는 생각을 갖고 있었다. 그게 네이버 블로그와 네이버 카페였다. 대리점 매장을 오픈하면 점주님들에게 무조건 블로그와 네이버 카페를 만들어 운영하게 했다. 제품이 설치되면 설치되는 과정과 설치 후의 모습을 블로그와 카페에 공유하면서 계속 데이터를 쌓아가라고 알려드렸다.

처음엔 즉각적인 성과가 드러나지 않으니 이 일을 시간 낭비라고 생각하는 점주가 많았다. 본사에서 지시했으니 형식적으로 하는 정도였다. 하지만, 몇몇 대리점에서 진정성 있는 블로그와 네이버 카페 마케팅을 통해 빠르게 수익이 증가하는 것을 확인하고 나서 모든 대리점이 성의 있게 이 일에 참여했다.

그 결과는 놀라웠다. 대리점들의 매출은 빠르게 상승했고, 동종업계에서 잘 팔린다는 소문이 돌면서 여기저기서 매장을 오픈하고 싶다는 연락을 받았다. 매장 오픈을 원하는 수요보다 매장의 공급이 부족한 수준까지 갔다.

당시 블로그와 카페는 본사와 대리점 점주들에게 1 대 다수의 게임을 할 핵심적인 창구 역할을 했던 것이었다. 지금은 네이버 블로그와 같은 텍스트 기반에서 인스타그램, 유튜브와 같은 이미지와 영상 기반으로 수요자들의 관심이 많이 이동했다.

당신은 당신을 도와줄 지원군을 보유하고 있는가? 자영업을 하고 있거나 지금 하는 일을 사업으로 확장하고 싶다면 마케팅 회사에 의지하기보다 스스로 공부해서 SNS를 시작하길 바란다. 그 지원군이 당신이 현재 벌어들이고 있는 소득보다 한 자릿수 많은 소득을 만들어줄 수 있고, 당신이 하는 일이 경기 상황에 좌우되지 않는 솔루션을 제공해줄 것이다.

블로그가 회사를 살리다

내가 SNS의 위력을 가장 강렬하게 경험한 일을 소개한다.

매장 숫자가 많이 늘어나던 시기에 서울의 한 점주로부터 다급한 전화를 받았다. 〈소비자 고발〉이라는 프로그램의 예고편에 우리 회사 제품이 나오고 있다는 것이었다. 방송까지는 불과 며칠 남지 않은 상황이었고, 예고편은 모자이크 처리가 되어 있었지만 누가 봐도 우리 회사 제품이라는 것을 알 수 있었다. 방송이 그대로 나가면 회사는 문을 닫을 수 있는 절박한 상황이었다.

그때 내가 할 수 있었던 유일한 선택은 취재 내용에서 잘못된 기술적인 내용을 담당 PD에게 전달하는 것이었다. 어렵게 담당 PD의 이메일 주소를 찾아 검사 방법에서 오류가 날 수 밖에 없었던 내용, 엄격한 규정에 따라 검사를 진행했던 성적서 등을 첨부해서 보냈다. 담당 PD는 다행히 메일을 읽었고 내가 보낸 내용이 합당하다고 판단했는지 연락이 왔다. 회사의 입장을 충분히 이해하고, 자신들이 놓친 부분이 있는 것 같다는 내용이었다. 하지만 방송까지 시간이 얼마 안 남았기 때문에 추가 편집이 가능한지 확인해야 하고, 모자이크 처리를 최대한 강하게 해서 내보내겠다고 했다.

밤 10시에 방송이 시작되었다. 편집이 되긴 했지만 기대했던 것에 비해 너무나도 미비한 수준이었다. 다음 날 아침 대리점과 소비자들로부터의 환불 및 손해 배상 청구 연락이 쏟아질 것이 자명해 보였다. 역시나 방송이 끝나기도 전에 대리점 점주들로부터 여러 통의 전화를 받았고, 만약 방송으로 인해 대리점이 피해를 입게 되면 모든 책임은 본사가 져야 한다는 항의가 빗발쳤다.

나는 곧바로 회사로 출근했다. 그리고 나의 블로그에 〈소비자 고발〉 방송과 관련된 본사의 입장문을 밤을 새워 작성했다. 당시 나는 개인 육아 블로그를 운영하고 있었는데, 거기에라도 본사의 억울한 부분과 방송에서 내보낸 오류를 데이터에 근거해서 바로잡고 객관적인 입장을 밝히는 것이 할 수 있는 최선이라 생각했다.

회사 CS팀은 아침부터 쏟아질 고객 클레임에 어떻게 대응할지 고민하며 불안에 떨고 있었고, 대리점 점주들로부터도 대응 매뉴얼을 묻는 전화가 잇달았다. 나는 블로그에 쓴 게시글 링크를 보내주며, 고객이 원하면 그것을 문자로 전하라는 말밖에 하지 못했다.

아침 9시. 직원들은 초긴장 상태로 전화기 앞에서 대기했다. 그런데, 거짓말처럼 전화는 한 통도 오지 않았다. 함께 방송을 탔던 대기업은 반품 요청에 환불 요구까지 난리가 났다고 하는데, 우리 회사는 무서울 정도로 조용했다. 그때 블로그를 보았다. 게시물 조회 수가 미친 듯이 올라가고 있었다. 블로그가 혼자서 모든 고객의 클레임을 대응해주고 있었던 것이다. 오히려 〈소비자 고발〉 측에 손해 배상 청구를 하라며 응원의 댓글을 남기는 고객이 훨씬 많았다. 그 어떤 고객도 환불이나 반품을 요구하지 않았다. 그때 나는 블로그라는 녀석의 엄청난 힘을 처음으로 실감했다.

위기의 상황에 당신을 지켜줄 수단이 있는가? 없다면 지금이라도 바로 만들기 바란다. 블로그는 단순히 위기의 상황에서 자신을 대변해주는 수호신의 역할뿐 아니라, 자신이 앞으로 어떤 일을 하면서 살아갈 수 있는지를 알려주는 나침반 역할을 해줄 것이다. 이곳에서 소통하는 이웃들이 당신 삶의 방향성을 알려줄 것이기 때문이다.

나만의 가치를
만드는 힘

동일한 관심사를 가진 사람들이 모이는 곳에 정보가 있고, 이 정보가 수요를 만나면 돈이 될 수 있다. 나는 현재 '시간으로부터의 자유'라는 경제경영 블로그를 운영하고 있다.

블로그를 시작한 가장 큰 이유는 언제든지 열어볼 수 있는 온라인 메모장과 서류 보관함이 필요해서였다. 부동산 투자를 하다 보면 수시로 계약서 및 관련된 서류들이 필요할 때가 있다. 또한 시장 조사를 하다 보면 시세 및 시장의 분위기, 그때그때 느끼고 배운 것들을 적어둘 메모장이 필요했다.

블로그 제목은 내가 일과 투자를 하는 궁극적 목적이었다. 돈과 시간을 내 앞에 완전히 무릎 꿇게 하고 싶었다. 끈질기게 나를 통제하려고 하는 시간의 굴레를 완전히 끊어내고 싶었다.

나는 유명해지고 싶어서 블로그를 한 것도 아니고, 돈을 벌 목적으로 블로그에 글을 쓴 것도 아니었다. 나의 목적은 시간에 구속되었던 파블로프의 개 한 마리가 시간의 굴레를 완전히 벗어나는 과정을 기록하고 싶었다. 그 과정에서 내가 보고 느끼고 깨달은 내용들을 공유함으로써 나를 통해 단 한 명이라도 도움을 받는 사람이 있으면 좋겠다는 막연한 기대감도 있었다. 따라서 이웃 수와 공감 수를 의식하지 않았다. 나에게는 그것이 블로그에 글을 쓰는 이유가 아니었으니까. 그때는 블로그로 돈을 벌 수 있을 거라는 생각은 전혀 하지 못했다.

휴머니티와 가치는 '몰입'의 과정을 통해서 만들어진다. 자신과 같은 인생의 고민을 하는 사람들을 돕고 싶은 마음이 자본적 가치를 만들어낸다. 이 가치를 만들어가는 과정은 당장 돈이 안 되는 행동일 가능성이 매우 높다. 진정한 가치는 돈을 보고 접근하는 사람에게 주어지는 것이 아니다.

결과적으로 블로그로 세상과 소통했던 시간들은 나만의 가치를 숙성시키는 과정이었다. 나는 그렇게 사람들과 연락이 차단된 깊은 동굴 속에서 마인드와 투자에 대한 공부에 몰입했다. 온돌이 깔려 있지 않은 추운 옥탑방에서 곰발바닥 전기 털신을 신고 입김을 불어가며 '잃지 않는 투자'를 하는 나만의 방법을 찾는 데 몰입했다. 그 결과 나는 나의 이름을 건 차트를 만들었고, 나만의 투자 방법을 창조해낼 수 있었다. 처음으로 만든 차트와 투자 방법들을 블로그에 공유했고, 거시경제를 통해 부동산 사이클을 찾아내는 데 몰두했다. 그 글을 읽는 사람들이 투자하는 데 도움을 얻었으면 좋겠다는 생각이 전부였다. 블로그 글을 읽고 도움을 받았다는 댓글을 읽을 때면 고생한 마음을 치유받는 기분이 들었다.

사람들은 나의 글을 스크랩하고, 필사하고, 다른 곳에 추천하기 시작했다. 얼굴도 이름도 모르는 불특정 다수가 자발적으로 내 블로그를 여기저기에 소개했다. 정말 놀랍고 신기한 경험이었다. 덕분에 네이버에 경제와 관련된 주제로 검색을 하면 최상단에 나의 블로그가 노출되기 시작했다. 이후로는 블로그 이웃 수와 공감 및 댓글 수가 급속도로 팽창해갔다. 처음엔 개인적인 저장 공간이었던 블로그가, 나의 글과 생각에 공감하는 사람들이 늘어나면서 어느 순간 나를 중심에 둔 소통의 공간으로 탈바꿈해 있었다.

블로그는 그저 나와 세상을 연결해주는 열린 공간이었을 뿐, 그때까지는 나에게 단돈 1원도 수익을 안겨주는 수단이 아니었다. 그저 네이버 트래픽을 높여주는 '네이버의 조력자' 역할을 할 뿐이었다. 이때까지도 나는 블로그에 쓴 글들이 내 인생의 전환점이 될 것이라고는 꿈에도 생각지 못했다. 나의 가치에 가격을 책정할 생각도 물론 하지 못했다.

블로그 이웃 수와 공감 수가 늘어나면서 비밀 댓글, 이메일, 쪽지가 쏟아지기 시작했다. 공통된 내용은 나와 만나고 싶다는 것과 투자 노하우를 더 자세히 알려달라는 것이었다. 순간 이런 상황이 이해가 되지 않았고, 한편으로는 무서운 마음이 들었다. 요즘같이 믿을 사람 찾기 어려운 세상에서 누구인지도 모르는 사람을 왜 만나고 싶어 하는지도 이해되지 않았다. 당시 나는 몰입의 동굴 속에서 세상과 벽을 쌓고 사람들과의 교류를 거의 하지 않던 시기였기에 쪽지와 이메일에 답장을 하지 않았다. 이런 현상이 곧 사그라질 거라고 생각했다. 그런데 예상과 달리 그 숫자는 점점 늘어만 갔다.

그때 아내와 의논을 해서 내린 결론은, 일대일로 만나면 위험할 수 있으니 내가 가진 투자 노하우가 궁금하고 배우고 싶은 사람이 있다면, 수강료를 지불할 수 있는 사람만 신청하라고 강의 공지 글을 올리는 것이었다. 솔직한 나의 속내는, 사람들은 기본적으로 공짜를 좋아하니 수강료를 지불하라고 하면 아무도 신청하지 않을 거란 계산이었다. 우회적인 거절의 수단이었던 것이다. 그런 의도였으니 당연히 강의 내용도 준비되어 있지 않았다.

나와 아내의 예상은 완전히 빗나갔다. 거의 5분 만에 공지한 인원수가 마감된 것이다. 예상 밖의 결과에 놀라기도 했지만, 가장 큰 걱정은 당장 강의 자료를 만들고 커리큘럼을 준비해야 한다는 것이었다. 이것이 내가 '부동산독립만세' 강의를 시작하게 된 계기다.

혼자만의 몰입의 동굴에서 부동산 시장과 사이클에 대해 여러 가설을 세우고 분석하는 노력을 하면서 나는 스스로 인식하지도 못한 사이에 나만의 가치를 만들어내고 있었다. 그리고 아주 우연한 기회에 내가 가진 무형의 지식에 가격을 더하면서 매출을 만드는 첫 번째 경험을 했다.

그 후 전 세계를 강타한 코로나19 팬데믹은 나에게 1 대 다수의 게임을 확장할 기회를 주었다. 대면 교육이 어려워지면서 온라인 강의로 전환하게 되었고, 그 결과 시간과 공간의 제약 없이 훨씬 많은 수강생을 만날 수 있게 되었다. 자본주의 게임은 일과 자산이 함께 갈 때 진정한 승부를 볼 수 있다고 앞서 말했다. 온라인 교육 사업의 경험을 통해 나는 '부동산 투자를 통한 자본 수익'이라는 나의 업을 기반으로 1 대 다수의 게임을 펼쳐갔다. 정말 운이 좋았다.

　이 모든 경험의 원천은 뭐였을까? 바로 블로그에 올리기 시작한 글로부터 시작된 것이다. 이 블로그가 나의 무기가 될지 그때는 상상도 못 했었다. 당신은 지금 당장 돈이 되지 않는 당신만의 유무형의 가치를 만들고 있는가?

사업의 기본은
결국 사람이다

자기만의 가치를 찾고 이를 브랜딩할 때 반드시 명심해야 할 원칙이 있다. 무슨 일을 하든 가장 중요한 자원은 바로 '사람'이라는 것을 절대 잊지 말아야 한다.

매출을 '가격 × 수량' 정도의 공식으로만 인식하고 있다면 중요한 핵심을 간과하고 있는 것이다.

$$성과 = 가치 × 휴머니티 × 가격$$

휴머니티가 빠지면 성과는 가치와 함께 0으로 전락한다. 당신이 아무리 좋은 상품을 팔아도 사람을 놓치면 매출은 0에 수렴한다는 말이다. 공급자는 가격을 결정하는 주체이지만, 궁극적으로 시장에서 그 가격은 수요자가 결정한다. 수요가 없는 공급은 존재할 수 없다.

성공에 목말라 있는 사람들은 하루빨리 결과를 만들고 싶은 조급함에 가치의 중요성을 간과하거나 가치가 숙성되는 시간을 기다리지 못한다. 여기서 가치의 주체는 개인이 될 수도 있고, 제품이 될 수도 있으며, 기업이 될 수도 있다. 개인이 가치를 만드는 것을 '퍼스널 브랜딩'이라고 하고, 제품이나 기업의 가치를 높이는 것은 '기업 브랜딩'이 된다. 이렇게 개인이나 기업 모두가 가치를 높이는 노력을 할 때 사회적 성장이 이루어지고 국가는 더 발전한다.

가치가 줄어들면 성과는 줄어들고, 가치가 사라지면 가격이 아무리 높아도 매출은 제로가 된다. 가격을 책정하는 궁극적 주체는 소비자이며, 소비자의 지갑을 여는 것만큼 어려운 것이 없다. 공급자가 받고 싶은 가격을 책정했다고 하더라도 결국 소비자는 자신이 받은 것보다 더 가치가 있다고 판단될 때 기꺼이 대가를 지불한다.

가장 성공적인 마케팅은 소비자가 대가를 지불하는 데 그치지 않고 주변 사람들에게 그 가치를 공유하게 만드는 것이다. 사람들 사이에는 '도파민 보상 시스템'을 공유하고 있다. 자신이 발견한 흥미로운 것, 재밌는 것, 유용한 것을 주변 사람들에게 공유하고 긍정적인 피드백을 얻을 때 사람들은 만족감을 느낀다. 이처럼 당신이 만든 가치가 수요층의 도파민 보상 시스템을 자극할 때 최고의 홍보 효과가 이루어진다.

가치와 가격만으로는 사업이 지속되기가 어렵다. 아무리 퀄리티 좋은 서비스를 판매한다고 하더라도 사람 냄새가 나지 않으면 가치는 시간이 지나면서 하락하게 마련이다. 현재의 가치를 유지시키고 성장시키는 요인의 핵심은 '사람'이다.

라이프 코칭에서 만난 40대 사업가 O 씨는 음료 물류 배달을 하는 사업을 권리금을 주고 인수했다. 그런데 막상 일을 시작해보니 월 순이익이 150~200만 원으로 인수 전에 들은 금액과 상당한 차이가 났다. 속았다는 생각에 한동안 심적으로 힘들었지만, '월 600을 채울 때까지 끝까지 간다'라는 각오로 일에 임했고, 결국 월 순이익 2000~3000만 원을 버는 단계에 도달했다.

그는 매출이 최고치를 찍던 시기에 '이러다 죽겠다'는 생각이 들어서 권리금을 받고 사업을 넘겨주었다. 자신의 사업을 넘겨받은 사람이 더 성공했으면 하는 마음에 두 달에 걸쳐 최대한 자세히 업무 인수인계를 해주었다. 하지만, 시간이 흘러 그의 일을 인수한 사람이 떡볶이 장사를 하고 있다는 안타까운 소식을 들었다. 이미 잘 세팅된 사업을 한창 잘될 때 넘겨주었는데 왜 실패했을까? 이유는 고객 관리에 있었다. 휴머니티가 사업의 성공 열쇠라는 것을 두 번째 사업가는 간과한 것이다.

'사람'의 가치를 잊은 사업은 결국 도태될 수밖에 없다. 꾸준한 성장을 만들어가는 사람과 기업은 공통적으로 휴머니티를 장착하고 있다. 성과를 내기 위해서 곱해져야 하는 것은 '퀄리티'가 아니라 '휴머니티'가 되어야 한다. 단기간에 성과를 낸 기업들이 순식간에 사라지는 이유 중 가장 잦은 원인이 사람을 간과했기 때문이다. 일이 잘되면 어느 순간 사람이 돈으로 보이면서 원래의 가치를 잊기 쉽다. 그 브랜드는 성공한 과정보다 훨씬 빠른 속도로 사람들의 기억에서 사라진다.

자기 본연의 가치에 집중하지 않는 사람들이 저지르는 또 하나의 실수는 '타인이 만든 가치에 편승하는 것'이다. 이들은 자기 일을 하고 싶은데 마땅한 상품이 없으니 다른 사람이 세팅해놓은 브랜드 가치에 줄을 선다. 자신의 모습을 풍선처럼 부풀려서 사람들을 현혹하거나, 다른 사람들이 오랜 기간 공들여서 만들어놓은 유무형의 자산을 도용하거나 카피하는 도둑질을 서슴지 않고 하기도 한다. 이런 사람들은 운이 좋아 반짝 성공해도 결코 오래가지 못한다는 것을 우리는 역사와 경험을 통해 익히 알고 있다.

지속적으로 성장하려면 자기 고유의 가치를 가진 퍼스널 브랜딩이나 상품을 만드는 것이 정말 중요하다. 진정한 수요를 만드는 데는 '시간'이 필요하고, 세상의 가치를 더하고 잠재적 고객에게 전하고 싶은 '진심'을 담아야 한다. 처음에는 당연히 아무도 관심 주지 않거나 아주 소수만이 응답할 것이다. 하지만, 고유의 가치에만 집중하는 데 들인 시간은 언젠가 반드시 보답한다. 지금 당장 돈을 만들어내지 못한다고 조급함에 그 시간들을 실패로 단정 짓지 않길 바란다.

사업은 사람들에게 돈을 받고 상품을 파는 과정을 통해서 성장한다. 상품을 팔면서 돈을 받지 않으면 자선 사업이고, 돈을 받으면서 상품을 주지 않으면 사기가 된다. 결국 수요에 적합한 상품을 공급하는 사람이 부를 얻게 된다. 이때 상품은 눈에 보이는 유형의 재화일 수도 있고, 눈에 보이지 않는 무형의 서비스일 수도 있다.

사람들이 무엇을 원하는지 수요를 파악하지 않고 공급할 상품에 투자부터 하는 방식은 위험하다. 수요를 먼저 파악하고, 그 수요가 원하는 공급에 집중하는 것이 안전하고 지속 가능한 방법이다. 어디까지나 당신과 당신의 브랜드를 신뢰하는 사람들이 우선이라는 말이다. 믿음을 얻는 데까지는 시간이 필요하다. 그 시간을 견디지 못하고 바로 돈부터 달라고 손을 내미는 사람을 소비자들은 결코 좋아하지도, 신뢰하지도 않는다.

THE

3단계
SAVING MONEY

FIRST

증발하는 돈을
자본화하라

ASTERING MONEY AND TIM

아무리 열심히 일하고 알뜰히 모아도 금수저나 고소득자를 따라갈 수 없다는 허탈감에 휩싸인 적 있는가? 나도 한때 그렇게 생각한 적이 있었다. 하지만 희망을 가져도 좋다. 당신이 어떤 집안에서 태어났고 무슨 일을 하든, 내가 경험한 전략을 충실히 따른다면 최소 우리나라 순자산 10% 안에 들 수 있다. 이 사회에는 여전히 계층 사다리가 존재한다. 자본주의 테크트리 3단계는 절대 무너지지 않는 부의 사다리를 만드는 과정이다.

아무리 돈을 많이 벌어도 필요한 소비와 불필요한 소비를 구분하지 못하면 가계 경제는 제자리걸음을 반복할 수밖에 없다. 무조건 아끼는 데만 집중해도 불행해진다. 충분한 만족감과 행복, 이윤을 추구하는 '생산적 소비'에 집중하는 것이 변화의 시작이다. 하루 대부분의 시간을 투자해서 모은 당신의 돈을 부디 귀하게 여겨라. 액수가 얼마든, 그 돈은 당신의 더 나은 미래를 창조할 귀중한 생명수다.

소비가 즐거운 것이라는
최면에서 깨어나라

돈을 많이 벌면 모두 부자가 될까? 절대로 그렇지 않다. 소비를 통제하지 못하면 돈은 순식간에 사라진다. 부자가 되려면 돈을 버는 능력만큼이나 모으는 능력이 중요하다. 경제학자 케인스의 절대소득가설absolute income hypothesis에 따르면, 소득이 일정 수준을 넘어서면 소비 증가 속도는 둔화된다. 즉, 기본적인 필요가 충족되면 소비의 한계효용이 감소한다. 문제는 대부분의 직장인이 필요한 소비를 충족하고 남는 잉여소득이 적기 때문에 자본 게임에서 항상 뒤처진다는 것이다.

소득이 증가하면 소비도 자연히 증가하게 마련이지만, 소비 증가율은 소득 증가율보다 낮다. 그 말은 소득이 높은 사람들이 더 많은 돈을 모을 수밖에 없다는 뜻이다. 당신이 필요한 소비를 하고도 잉여소득이 쌓일 정도로 소득이 높다면 필요한 소비를 하면 된다. 그런데 여기서 나아가 소비를 통한 행복지수를 낮추면 당신의 금고에는 더 빠르게 자본금이 쌓인다. 내가 만난 고소득자들은 자본주의 테크트리를 토대로 가계를 운용하면서 전과는 비교할 수 없는 속도로 자산을 증식시켰다.

반대로 원하는 만큼 소비했을 때 잉여소득이 충분히 남지 않는 시스템에 놓여 있다면, '남들만큼' 소비하는 습관부터 고쳐야 한다. 그건 당신의 시간을 갉아먹는 행위다. 매일 돈을 벌면서 수중에 돈이 남지 않는다면 하루하루 번 돈을 다른 사람들에게 나눠주고 있는 것이나 다름없다. 매달 월세로 집주인에게, 대출 이자로 은행에게, 새로 나온 신상 스마트폰을 구매하며 삼성전자와 애플에게 피땀 흘려 번 돈을 넘겨주면서 자본주의의 노예를 자처하는 것이다.

깨어 있는 모든 시간 우리는 소비에 노출되어 있다

눈을 감고 한번 상상해보자. 당신은 병실 침대에 실오라기 하나 걸치지 않은 알몸으로 누워 있다. 몸에는 굵기가 각기 다른 빨대가 수없이 꽂혀 있고, 빨대가 꽂힌 피부는 시퍼렇게 멍들어 있다. 이제는 고통도 느끼지 못할 정도로 감각을 잃었다.

그중에는 당신이 다니는 회사와 연결된 파이프가 하나 있다. 이 파이프로 한 달에 한 번씩 피가 공급된다. 당신은 그 피를 수혈받기 위해 월요일부터 금요일까지 회사에 당신의 시간과 노동을 공급한다. 회사로부터 수혈받는 피는 당신과 당신 가족의 생계를 책임지기 때문에 절대 줄어들거나 말라서는 안 된다. 그런데, 인간이 언젠가 죽는 것처럼 회사로부터의 수혈도 기한이 정해져 있다. 예상보다 빨리 끊기기도 한다. 하지만 당신은 인정하고 싶지 않고, 지금 당장 일어난 일은 아니니 최대한 걱정을 미루고 싶다.

회사로부터 수혈된 피는 매달 당신에게 꽂힌 빨대들로 빠져나간다. 소득을 당겨 외상 거래를 했던 신용카드 대금을 비롯하여 각종 고정비용으로 철철 흘러 나가고, 피는 다시 부족해져서 남은 한 달 당신은 외상 인생을 이어간다.

카드 회사는 당신에게 혜택을 주려고 돈을 빌려주는 게 아니다. 온갖 전략과 전술로 당신의 소비를 부추길 따름이다. 수많은 마케팅과 광고는 자기 회사에 빨대를 꽂아야 행복해지고 성공한다는 말로 우리를 유인한다. 이들의 유혹에 쉽게 넘어갈수록 부자가 되는 길과는 멀어진다. 부디 수많은 마케팅이 건 최면에서 깨어나길 바란다. 진정으로 자본주의의 승자가 되고 싶다면, 이들이 쏟는 전략을 철저하게 비판적인 시각으로 바라봐야 한다. 소비를 부추기는 사회와의 단호한 단절이 필요하다.

물론, 깨어 있는 모든 시간 소비에 노출된 이 사회에서 그 단절은 보통 각오로는 실천하기 어렵다. 지금 우리가 입고 있는 옷부터 집 안 구석구석에 있는 물건들까지 모두가 소비로 얻은 것들이다. 인간은 소비의 동물이고, 우리가 사는 사회는 지속적으로 국민의 활발한 소비 활동을 유도한다. 소비자물가등락률이 하락하면 정부는 금리를 낮추거나 시장에 경기 부양을 위한 자금을 공급한다. 자본주의가 유지되기 위해서는 소비 심리가 죽으면 안 되기 때문이다.

소비 없이는 생활이 불가능한 시스템 속에 살고 있으니 필요한 소비는 물론 해야 한다. 다만, 시스템에 현혹되어 우리가 자본 게임에 참가할 게임 머니를 잃어서는 안 된다. 그 소중한 자산을 모두 소비에 써버리면 언제까지나 경쟁 피라미드를 벗어날 수 없고, 계속해서 외부로부터 수혈받는 인생만 살아야 한다. 자신의 일과 자산에서 자동 생성되는 신선한 피를 공급받을 수 있어야만, 우리는 비로소 돈과 시간으로부터의 자유를 얻게 된다. 그 이후에 당신이 사고 싶은 것을 아무 구애 없이 사도 좋다. 나는 무조건적으로 소비를 말리는 것이 아니다. 순서가 중요하다는 뜻이다.

만일 당신이 수혈받는 피의 원천이 100% 당신이 속한 회사라면 그리 안전한 상황이라고 보기 힘들다. 그 파이프는 언제든 당신의 의사와 상관없이 제거될 수 있기 때문이다. 따라서 **파이프가 안정적으로 꽂혀 있는 바로 지금 새로운 시스템을 만들어야 한다.**

그 시작은 다른 사람들과 빨대를 연결하는 시도를 하는 것이다. 분명 당신에게 꽂힌 빨대보다 당신이 꽂은 빨대의 수가 훨씬 적을 것이다. 나도 그렇다. 하지만 나는 내가 빨리는 피의 양보다 내가 수혈받는 피의 양이 월등히 많다. 그렇게 세팅하는 노력을 해온 사람만이 얻을 수 있는 자격이다.

자본주의는 철저히 소비와 생산의 교환으로 움직인다. 당신이 유튜브나 TV를 볼 때 당신은 시간을 제공하고, 유튜버나 연예인은 웃음과 지식을 제공한다. 우리가 맛있는 음식을 먹는 이유는 영양분을 섭취하고 행복감을 느끼기 위함이다. 행복감이든 쾌감이든 지적 만족감이든, 모두가 '얻을 것이 있을 때' 시간과 돈을 지불한다. 무턱대고 다른 사람의 주머니를 탐낸다고 해서 그들이 쉽게 빨대를 내어주는 게 아니다. 거래는 언제나 사람들이 '자발적으로' 당신에게 빨대를 연결할 때 성사된다. 그리고 이 빨대가 얼마나 많은 사람과 연결되는가에 따라 수익의 규모가 결정된다.

온몸에 꽂힌 소비 빨대를 뽑아버려라

소비는 마약과도 같다. 소비한 물건을 사용하면서 느끼는 행복과 만족감보다 온·오프라인 매장에서 카드를 긁으며 소비하는 순간에 사람들은 더 큰 희열을 느낀다. 만일 당신 집에 뜯지도 않은 채로 방치된 택배 상자가 있다면 당신은 소비에 중독된 것이다. 또한 대체 가능한 물건이나 이미 가지고 있는 제품을 구매하는 것도 소비 중독의 초기 증상이다. 소비 중독을 끊으려면 단호한 마음으로 극단적인 처방을 스스로에게 내려야 한다. 불필요한 소비를 끊기로 마음먹었다면 다음의 단계별 처방을 꼭 실천해보기 바란다.

1. 할부로 결제한 카드 대금의 잔액을 일시 상환한다

습관적으로 할부 결제를 해왔다면 상환해야 할 금액에 상당히 놀랄 것이다. 신용카드라는 것은 바로 그 목적으로 만들어진 것이다. 신용카드에서 '신용'의 의미를 우리는 착각하고 있다. 여기서 신용은 '믿음trust'이 아니라 '융자credit'를 의미한다. 사람들은 은행에서 대출받는 것은 무서워하면서 카드사 대출에 너무 무감각하고, 오히려 큰 단위의 소비를 하는 것에 희열을 느낀다. 이 희열이 신용카드사의 마케팅 전략이다. 카드 결제 방식이 일시불만 있다면 사람들은 소비를 훨씬 주저하겠지만, 할부 방식으로 월 분산 결제를 하면 빚을 지는 금액이 상대적으로 낮아진다고 착각해 소비를 더 하게 된다. 정부도, 기업도, 마케팅 회사도 가계가 소비를 해야 경제가 돌아가기 때문에 개인의 카드 사용을 부추기는 것이 당연하다. 그러나 자본주의 게임에 참여하고자 하는 사람이 카드로 빚을 내서 자본금이 없다면 답이 없는 노릇이다.

2. 온몸에 꽂혀 있는 소비 빨대를 모두 뺀다

빨대 구멍의 파이를 줄이는 것은 의미 없다. 시간이 지나면 분명 그 구멍의 크기는 원상 복구되거나 오히려 보복성 소비로 더 커져 있을 것이 분명하기 때문이다. 소비 빨대를 뺄 때 처음에는 매우 아플 것이다. 하지만 곧 그 상처는 아물고 오히려 편안함을 느낄 것이다. 그리고, 꽂혀 있던 빨대들이 얼마나 많고 정교하게 기획되었는지를 알아채고 놀라게 된다.

당신의 몸에 꽂혀 있던 빨대들을 거슬러 올라가면 그 빨대의 최고 포식자를 만나게 될 것이다. 이것이 자본주의 공부다. 그걸 느끼고 세세히 기록해보라. 이 과정에서 당신이 소비자가 아닌 생산자가 되는 아이디어를 얻을 수도 있다. 또 모든 빨대를 빼봐야 어떤 소비가 진짜 필요한 지출인지 알게 되고, 소비를 통한 만족감도 훨씬 높아진다.

모든 빨대를 빼고 시간이 흐르면 어떤 현상이 일어날까? 제일 먼저 배가 고플 것이다. 만약 월세를 살고 있다면 집주인에게 월세 독촉 전화가 올 것이고, 전세자금대출, 주택담보대출이 있다면 은행에서 독촉 문자가 올 것이다. 옷이야 입던 옷을 계속 입으면 되니, 어찌 보면 의식주 중에서 주와 식이 가장 중요하다는 걸 알게 된다. 그다음이 경제활동을 위한 교통비와 통신비 정도다. 이렇게 당신이 경제활동을 하는 데 불편함을 느끼는 것부터 순서대로 빨대를 다시 몸에 꽂아나간다. 꼭 필요한 소비와 그렇지 않는 소비를 구분하는 가장 확실한 방법이다.

필요한 소비라고 판단해서 다시 꽂을 때는 기존보다 크지 않은 사이즈로 꽂아서 생활해보자. 이후 필요하다면 사이즈를 키워가면 될 것이다. 이때 유의해야 할 것이 있다. 필요한 소비와 불필요한 소비를 구분할 수 있게 되면, 소비의 양이 아닌 질에 집중해야 한다. 나는 돈을 모으기 위해 양과 질 모두를 희생하는 소비는 그리 좋지도 않고 오래가지도 못한다고 생각한다. 몸에 꽂힌 빨대의 종류와 양은 줄이고, 꼭 필요한 소비의 질은 높이는 것이 좋다. 온라인 쇼핑몰이나 홈쇼핑에서 싸고 마음에 안 드는 것을 여러 개 사지 말고, 하나를 사더라도 마음에 들고 좋은 것을 구매하는 식이다.

소비에 대한 혁명적 사고 변화는 부자가 되기 위한 가장 기본적이고 필수적인 단계다.

3. 신용카드 사용을 중단한다

불필요한 소비를 걸러냈다면 오직 현금으로만 소비한다. 처음에는 매우 불편할 것이다. 그러나 언제나 불편함 속에 해답이 숨어 있다. 자본주의사회에서 당신이 느껴온 편리함에는 항상 비용이 따라왔다는 것을 기억하자. 신용카드 혜택을 포기하기 아까워하는 사람이 많은데, 만일 소비를 엄격하게 통제할 수 있는 사람이라면 카드를 사용해도 좋다. 하지만 카드 사용에 따른 혜택과 소비 욕구는 너무나 긴밀히 연결되어 있다는 사실을 잊으면 안 된다.

나는 과거에 종잣돈을 모을 때 소득에서 목표한 금액을 저축하고 남은 돈으로 지출 예산을 짰고, 신용카드는 일절 사용하지 않았다. 매월 1일 각 소비 항목별로 책정된 현금을 봉투에 넣어두고 한 달간 그 돈만 사용했다. 봉투 안에 있는 돈으로만 생활했으니 계획보다 넘치는 소비를 할 수가 없었다.

요즘은 매장에서 현금을 사용하는 사람이 극히 드물다. 그만큼 돈을 모으기 힘든 시대에 살고 있는 셈이다. 사이버상의 형체 없는 돈의 액수에 사람들은 점점 무감각해져서 돈의 소중함을 잊어버린다. 소비 통제력을 기르고 불필요한 소비를 없애고 싶다면 절제의 감각이 몸에 밸 때까지 현금만 사용하면서 가계를 운용해보자.

경제적 자유를 원한다면 당신의 소비 생활에 24시간 불침번을 세워라. 항상 깨어 있어야 한다. 깊은 강에 돌멩이 하나를 던지면 파장이 일다가도 잠잠해진다. 당신의 자본력이 그 깊이에 도달할 때까지는 소비를 무서워할 줄 알아야 한다.

24시간 동안
생산자의 뇌로 살아보라

지금 돈을 쓰는 당신의 등 뒤에는 언제나 생산자가 존재한다. 그
생산자는 소비하는 당신과 한 몸처럼 붙어 있기 때문에 뒤를 돌
아보아도 잘 보이지 않는다. 아주 소수만이 자신의 등 뒤에 있는
생산자를 관찰하고 생산자의 삶을 시도한다. 배터리에 플러스와
마이너스가 있어야 전류가 흐르는 것처럼, 자본주의사회는 생산
자와 소비자가 플러스마이너스 관계로 연결되어 있어야 경제가
돌아간다. 이 과정에서 플러스를 많이 획득하는 사람이 부자가
된다. 그렇게 부의 격차는 필연적으로 발생한다.

아주 많은 사람이 소비 도파민에 중독되어 살아간다. 하지만, 소비
를 통한 도파민 효과는 결코 오래 지속되지 않는다. 소비에 따른

도파민이 계속 지속되면 자본주의는 쇠퇴할 수밖에 없기 때문이다. 그렇게 생산자는 제품에 도파민을 넣어 소비자의 눈과 귀를 끊임없이 유혹한다.

아무리 소비해도 돈이 쌓일 만큼 소득이 높거나, 필요한 소비를 해도 될 만큼의 소득이 죽을 때까지 유지된다면 문제가 없다. 하지만, 소득은 죽기 전에 무조건 끊기거나 내외적인 수많은 이유로 위협받을 수밖에 없다. 그럼에도 사람들은 이달의 소득이 다음 달, 그다음 달에도 계속 이어질 것이라고 믿으며(혹은 믿고 싶어 하며) 소비의 관성을 놓지 못한다.

그렇다면 우리는 어떻게 소비에 대한 경각심을 가질 수 있을까? 당신의 몸에 꽂혀 있는 빨대를 역으로 거슬러 올라가보라. 그들이 누구이고, 어떻게 당신의 피를 빨아 먹는지, 그 사업의 실체가 무엇인지 알아보라. 그 원천을 추적하면 최종적으로 맨 마지막에 도달하는 생산자가 있는데, 그 생산자가 바로 내가 이 책에서 이야기하는 '1'의 존재다. 그는 당신뿐 아니라 수없이 많은 소비자를 상대하므로 실로 엄청난 부를 만들어내고 있을 것이다. 그 사람과 소비자의 구조를 당신의 소비를 분석하면서 살펴보자. 이 과정에서 당신의 사고는 소비적 사고에서 생산적 사고로 조금씩 전환될 것이다.

진정한 부를 이루기 위해서는 자본주의 구조 속에서 발견한 생산자의 사고와 그들이 하는 일을 시도해야 한다. 그 방법 이외의 부를 쌓는 방법을 나는 알지 못한다.

생산자와 소비자의 가장 큰 차이는 생산자는 돈을 받고, 소비자는 돈을 넘겨준다는 것이다. 이것만 잘 기억하자. 당신은 한 달에 돈을 받는 행위와 돈을 내는 행위 중에 어떤 행위를 많이 하는가? 구체적인 횟수를 체크해보자. 만약 돈을 내는 행위가 많다면, 당신은 부자가 아닐 확률이 높다. 부자가 되고 싶다면 돈을 내는 행동의 반대편에 있는 생산자에 주목해야 한다. 그 생산자가 당신보다 부자일 확률이 높다. 당신의 반대편에서 돈을 받는 사람들이 자본 게임에 적극 참여하는 사람들이라고 보면 틀림없을 것이다. 소비를 하는 당신의 반대편에 있는 생산자들을 하나씩 정리해서 분석해보면, 그들이 1 대 다수의 게임을 하는 모습을 파악할 수 있다. 그들을 벤치마킹하는 것부터 자본 게임을 시작해보는 것이다.

소비를 줄이는 가장 확실하고 근본적인 방법은 생산적 사고에 집중하는 것이다. 생산적 행동을 하면 자본주의의 숨겨진 구조를 파악하게 된다. 생산자들은 1 대 다수의 게임에서 다수의 수를 늘리고, 판매하는 제품의 가격을 올리기 위해 온갖 다양한 방법으로 소비자의 마음을 움직이려는 노력을 한다. 그런 계획을 세우는 생산자가 불필요하고 충동적인 소비를 할 가능성은 매우 낮다. 그래서, 생산적 활동을 하기 시작하면 소비를 통제할 수 있는 능력도 비례해서 커진다. **생산자는 돈을 버는 생각에 집중하고, 소비자는 돈을 쓰는 생각에 집중한다.**

국가는 1이 많아지길 원하지 않는다

정부는 소비자의 숫자보다 생산자의 숫자를 최대한 적게 유지하려고 노력한다. 그렇게 해야 국가가 유지되기 때문이다. 우리는 학교에서 생산자와 소비자의 개념에 대해서는 배웠지만, 생산자의 시각으로 세상을 바라보는 법에 대해서는 배우지 못했다. 국가 경제가 잘 유지되려면 소비자의 시각으로 살아가는 사람들이 많을수록 좋기 때문이다. 기업이 아무리 생산성을 늘려도 소비자가 돈을 쓰지 않으면 재고는 쌓이고, 기업은 무너지며, 국가 경제 발전은 멈추게 된다. 경제의 톱니바퀴가 돌아가기 위해 가장 중요한 것은 소비다.

회사에서 대표는 한 명이지만 직원은 여러 명이다. 직원들에게 '회사의 주인이라는 생각'으로 일에 임하라고 하지만, 이는 애초에 성립할 수 없는 말이다. 직원은 회사의 주인이 될 수 없다. 회사와 직원은 상호 계약에 따른 협업 관계에 있을 뿐이다.

다수에 속해 있는 현실을 무조건 부정하거나 자책하라는 말이 아니다. **다수에 속해 있더라도 휩쓸리지 말고 깨어 있는 것이 중요하다.** 당신의 목적이 승진이라면 다른 사람에 비해 빨리 승진하는 사람을 관찰하고, 사업이 목표라면 당신이 속한 회사의 대표를 관찰하라. 그 사람의 말과 행동, 삶을 대하는 태도, 과거 이력부터 지금까지의 행보에서 중요한 성공의 기폭제를 찾아 당신의 삶에 조금씩이라도 적용하는 연습을 해보자. 그렇게 점점 생산자, 단독자의 자질을 닮아갈 수 있다.

부자들의 돈 관리
4원칙

1. 가족의 ATM이 되지 않는다

돈에 대한 개념이 어릴 때부터 제대로 잡혀 있지 않은 경우,
사회에 나와서도 가족을 포함한 주변 사람들에게 피해를 입히
는 경우가 많다. 어른이 되어도 저축 개념이 없어서 버는 족족
써버리고 돈이 떨어지면 부모나 형제자매에게 손을 내민다. 경
제관념 없는 가족에게 전달된 돈은 연기처럼 사라지고 만다. 돈
은 그 돈을 통제하지 못하는 사람을 만나면 악마가 되어 인간관
계를 파탄 내고, 그 돈과 관계된 사람들을 가난으로 이끈다.

가족을 사랑하고 가족의 더 나은 경제적 삶을 원한다면 처

음부터 경제적 지원을 하지 않는 것이 좋다. 어차피 나중에 도움을 중단하면 서운해할 것이 뻔하기 때문에 처음부터 차단하는 것이 서로의 관계 면에서도 훨씬 나은 선택이다.

부모가 자식의 ATM이 되는 경우가 있고, 자식이 부모의 ATM이 되는 경우가 있다. 부모가 자식을 낳고 키웠다고 해서 자식이 부모의 경제적 지원을 계속해야 할 의무는 없다. 자식은 태어나고 자라면서 부모가 근심 걱정이 있을 때마다 해맑게 웃고 재롱을 떨면서 삶의 의미를 부여해주었기에, 부모는 그에 대한 보답으로 자식이 원하면 대학까지 공부시킬 의무가 있다고 생각한다. 나는 자녀가 대학을 졸업할 때 부모와 자식 간에 서로 주고받는 것이 끝난다고 생각한다. 그 이후로는 부모가 자식에게, 자식이 부모에게 돈을 요구할 이유가 없다. 물론 마음에서 우러나서 도움을 주는 것은 괜찮지만, 원하지 않고 고통받으면서도 가족이기 때문에 ATM 노릇을 하는 것은 곤란하다. 이 경우 가족은 함께 공멸할 가능성이 매우 높다.

밑 빠진 독을 채우려면 그곳에 더 이상 물을 붓지 말아야 한다. 부모든 자식이든 한쪽에서 돈을 모으고 불려서 밑이 튼튼한 독에 채워나가야 새는 자산을 막을 수 있다.

2. 자식에게 부모의 재산을 공개하지 않는다

부모의 자산이 많으면 자식은 자신의 삶을 스스로 개척하려는 도전 의식보다는 쉽게 포기하고 부모에게 의지하려는 심리가 생기기 쉽다. '안 되면 부모님이 도와주겠지'라는 생각은 꾸준한 도전을 방해하는 강력한 요인이 된다. 따라서, '가계가 힘들어져서 걱정이 많다'거나 '대출 이자가 높아서 자칫하면 적자가 나겠다' 같은 현실적인 이야기를 차라리 아이가 듣게 하는 편이 낫다. 자녀들은 안 듣는 것 같아도 부모의 대화를 소머즈처럼 경청한다. 그리고 '이 집이 누울 자리가 아니구나'라는 인식을 자연스럽게 갖게 된다. 이런 생각은 경제적 자립심을 기르는 데 아주 효과적이다.

자식이 부탁하지도 않았는데 돈을 들여 카페를 열어준다거나 프랜차이즈 매장을 차려주는 식의 지원도 상당히 위험하다. 분명 매장 월세도 감당 못 해서 부모에게 다시 손 벌리게 될 것이다. 자녀가 경제적으로 독립된 어엿한 어른으로 살아가길 원한다면 절대로 ATM을 자처하지 마라. 차라리 가난을 선물하는 게 낫다. 덧붙여, 부모가 죽기 전에 자식이 부모를 돌봐준다는 전제로 재산을 모두 증여하는 경우가 있는데 이 또한 꼭 뜯어말리고 싶다. 가족 간에도 돈은 권력이다. 그 힘을 자식에게 미리 증여할 필요가 없다.

3. 부부는 가계의 공동 대표다

라이프 코칭을 하다 보면 결혼 후에도 소득을 각자 따로 관리하는 부부가 의외로 많다. '가계'는 한 집안의 수입과 지출의 상태를 의미한다. 결혼 전에는 각자의 가계를 관리했다면, 결혼 후에는 하나의 가계로 합쳐서 관리를 해야 한다. 연봉 5000만 원인 한 사람이 자본 게임을 하는 것과 연봉 5000만 원인 두 사람이 1억으로 자본 게임을 하는 것은 규모와 성과 면에서 압도적으로 다르다. 돈은 합쳐서 굴려라. 그것이 훨씬 효율적이다. 또한, 가계의 자본주의 테크트리 맵을 함께 운영해나갈 때 부부는 더 생산적인 대화와 몰입을 통해 목표에 빨리 도달할 수 있다.

돈을 합치는 과정에서는 당연히 서로의 소득과 소비를 투명하게 공개해야 한다. 나는 비상금이 없다. 부부 사이에 비상금이 왜 필요한가. 회사에서 뒷돈을 차면 공금 횡령이듯 가정도 마찬가지다. 회사가 매년 사업 목표를 설정하고 예산을 짜는 것처럼 가계도 그렇게 운영해야 한다. 매달 얼마의 매출이 있었고, 얼마를 소비해서 얼마의 수익이 났는지를 함께 공유해야 한다. 또한, 소득을 키울 수 있는 신규 사업에 대해서도 꾸준히 논의하고, 실물자산과 금융자산의 운영 관리와 관련해서도 협의를 해야 한다. 회사에서는 대표의 게임을 위해 밤을 새워 내년 예산을 짜면서, 왜 당신의 게임에서는 아무런 계획을 세우지 않는가? 예산 없이 운영되는 회사가 잘 돌아갈 수 없는 것처럼, 예산을 짜지 않는 가계가 발전적으로 돌아갈 리는 만무하다.

비원 모임에서 한 분은 시드머니의 중요성을 인지하고부터 부부가 네이버 가계부 어플을 같이 공유하기 시작했고, 그 결과 소득 대비 저축률을 30% 이상 높였다. 가계부 어플을 연동하여 실시간 공유하면서 자연스럽게 불필요한 지출을 통제한 결과였다. 덤으로 가계 관리에 관한 소통도 훨씬 심플하고 경제적으로 바뀌었고, 부부 사이도 더 돈독해졌다. 함께 부를 쌓아서 가정의 재정 상태를 개선해야겠다는 공통된 목표와 상호 신뢰가 있었기에 가능한 변화였다.

부부간에 가계 경제에 관한 열린 대화를 자주 하면 자녀들은 이를 자연스럽게 듣고 익힌다. 자녀가 부모의 대화에 호기심을 보이며 끼어들거나 질문할 때 "애들은 이런 거 몰라도 돼"라고 밀어내서는 안 된다. 아이들도 가계의 구성원이므로 함께 대화하고, 궁금해하는 것들에 대해 가감 없이 솔직하게 이야기해주자. 아이들과 어른의 관심사를 부모의 잣대로 구분 짓지 말길 바란다.

4. 돈으로 시간을 사는 것이 최고의 명품 소비다

젊은 층에서 한 달 월급만큼 비싼 명품 가방을 사는 것이 유행이라고 한다. 명품 가방도 사놓으면 시간이 지날수록 그 가치가 오르니 재테크와 같다는 말을 하는데, 이는 소득 대비 과한 소비를 합리화하는 핑계에 불과하다.

큰돈을 소비한다는 것은 시간을 버리는 행위와 같다. 비싼 가방을 산 당신은 그 가방을 사기 위해 추가적으로 시간을 투자해서 일을 해야 할 것이다. 반대로 거기에 쓸 돈을 모은다면 그만큼의 시간을 번다는 말이 된다. 월급이 300만 원인 사람이 300만 원짜리 명품 가방을 산다면 한 달이라는 시간을 잃는 것이지만, 소득을 아껴서 300만 원을 모은 사람은 한 달의 시간을 벌어들인 것과 같다. 명품 가방과 당신의 한 달 중 무엇이 더 가치 있는가?

과분한 소비를 하는 사람들의 흔한 핑계 중 하나가 '티끌은 모아봤자 티끌'이라는 논리다. 버는 돈이 적으니 아껴봐야 큰돈이 되지 않고, 살아생전 부자가 될 가능성이 없으니 그냥 지금이라도 좀 누리면서 살겠다는 심리다. 그런데, 부자는 그렇게 모은 돈으로 자산을 사서 모으는 행동을 한다. 시장에 공급되는 유동성은 돈의 가치는 떨어뜨리지만, 자산의 가치는 높이는 역할을 한다. 즉, 영리한 부자들은 돈으로 자산을 사서 돈을 불린다. 그렇게 불어난 돈은 부자들에게 더 많은 시간을 제공한다.

돈은 휘발성이 있다

우리가 돈을 아끼면 머니 탱크에 돈이 쌓인다. 여기에 쌓인 돈은 현금, 예금, 적금 등으로 구성된다. 돈은 자신을 더 불려줄 수 있는 곳으로 움직인다. 거시적 돈의 움직임을 파악하는 것이 경제학 공부의 전부라고 해도 과언이 아니다. 만약 시장의 월세 기본 수익률이 은행 이자보다 낮다면, 은행에서 높은 이자를 주는 상품에 가입하는 것이 유리하다. 반대로 은행 이자율보다 부동산 월세 수익률이 높다면 은행에 돈을 넣어두는 것보다 자산을 사는 것이 더 유리하다. 이렇게 시장의 금리와 월세 수익률에 관심을 갖고 돈이 더 유리하게 움직일 수 있는 선택을 해야 한다.

자본 게임의 원리를 몰랐을 때 나는 보험, 연금, 예금, 적금과 같은 금융상품에 돈을 넣어두는 것이 최고의 재테크라고 생각했다. 하지만 이는 자본주의 테크트리 2~3단계가 자본주의의 전부라고 보는 편협한 생각이다. 진정한 자본주의 게임은 5단계에 있고, 이 단계를 위해서는 반드시 3단계를 거쳐야 한다. 당신의 머니 탱크에 게임 머니를 대신 넣어줄 부모가 없다면, 당신은 무조건 게임 머니를 빠르게 모으는 전략을 짜야 한다는 말이다.

　　돈은 휘발성이 있어서 그대로 두면 반드시 증발한다. 이 말이 무슨 의미일까? 당신이 돈을 사용하지 않고 고이 간직하고 있으면 그 돈은 그대로 유지될까? 안타깝게도 돈의 액수는 그대로 유지되더라도 돈의 가치는 하루하루 하락한다.

　　통화량의 대표적인 단위는 M1과 M2가 있다. M1은 '협의 통화'라고 하고, M2는 '광의 통화'라고 한다. M2가 M1보다 더 큰 통화량의 단위로, M1은 M2에 포함된다. 통화량은 과거부터 지금까지 계속 증가해왔고 앞으로도 계속 우상향해갈 것이다. 자본주의가 유지되려면 시장에 돈이 꾸준히 공급되어야 하기 때문이다. 그 돈을 공급하는 가장 중요한 역할을 하는 주체가 은행이다. 그래서 은행을 '자본주의의 꽃'이라고 부른다.

M1(협의 통화): 즉시 사용 가능한 자금(현금, 상시 인출 가능한 예금)

통화량에 따른 신용 수축의
징후는 M1에서 나타난다.

M2(광의 통화): 단기간에 현금화 가능한 자금(M1 + 단기 금융상품)

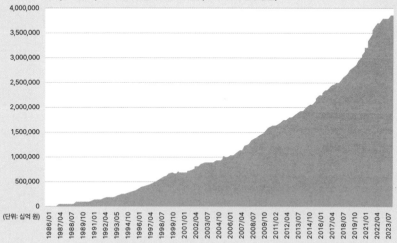

경기 상황이 나빠지면 정부는 기준 금리를 인하해서 시장에 유동성을 공급하거나, 직접 돈을 풀기도 한다. 자영업 상황이 좋지 않으면 자영업자들에게 낮은 금리로 대출을 해주고, 부동산 경기가 침체되어 미분양 주택이 쌓이고 건설업계가 힘들어지면 부동산 시장에 유동성을 공급함으로써 시장 활성화 정책을 펼친다. 이렇게 자본주의가 유지되기 위해서는 시장에 돈을 점점 더 많이 풀 수밖에 없다. 한 국가에 공급되는 돈의 양은 당신이 머니 탱크에 보유하고 있는 돈의 단위와 비교가 안 된다. 그 말은 당신이 보유한 돈의 가치가 상상할 수 없는 속도로 낮아진다는 것을 의미한다. 운용하지 않고 움켜쥐고만 있는 돈은 점점 휘발되어 사라진다는 것이다.

당신이 은행에 저축을 해서 받는 이자보다 은행이 당신 돈으로 다른 사람에게 빌려줘서 받는 이자가 더 높다. 은행은 이와 같은 예대 마진으로 돈 장사를 한다. 그러므로 은행에 돈을 맡겨만 두는 행위는 힘들게 노동해서 번 돈을 은행의 게임 머니로 보태주는 것과 다름없다. 은행에 돈을 넣어두는 것이 유리한 시기는 기준 금리가 오르고 자산의 가치가 하락하는 구간인데, 그 구간은 그렇게 길게 지속되지 않는다. 노동으로 번 돈을 최대한 휘발되지 않도록 증식시키면서 잉여가치를 만들어내는 것은 자본 게임의 필수 과정이다.

절제는 자유와 행복을
선물한다

허리띠를 졸라매는 저축은 오래 못 간다. 배가 고픈데 억지로 허기를 참는 식의 절약은 건강한 절약이 아닐뿐더러 지속성이 약하다.

다이어트를 할 때 단기간 단식과 무리한 운동으로 살을 빼면 얼마 가지 못해서 요요 현상으로 이전보다 더 살이 찌는 경우가 많다. 그리고 다이어트에 성공하지 못했다는 자괴감으로 더 힘들어진다. 결과적으로 다이어트를 시작하지 않은 것이 오히려 더 나은 상황에 이르게 된다. 저축도 마찬가지다. 단기간에 무리하게 소비를 억제하기만 하는 저축은 오래갈 수가 없다. 결국 요요 현상으로 보복성 소비가 뒤따르게 마련이다.

나는 무리하게 아끼는 그 자체에만 혈안이 되기보다는 소비의 가치를 따지라고 말한다. 이것은 자신에게 필요한 소비와 불필요한 소비를 구분할 수 있어야 가능하다. 사람들은 지금 당장 필요하지 않지만 '언젠가 혹시 필요할지 모르니까' 구매를 결정하는 경우가 많다. 원 플러스 원 행사라든가, 세트로 사면 한 개만 사는 것보다 더 저렴한 제품이 있을 때 주저하지 않고 여러 개의 제품을 구매하는 경우가 그렇다. 그러고는 절약을 했다고 착각한다. 이는 생산자의 고전적인 마케팅 수법 중의 하나다. 같이 사는 게 더 싼 것 같아서 구매한 여러 개의 제품 중 하나는 십중팔구 기억에서 지워진다. '마음에 드는 물건'을 '필요한 만큼만' 사는 것이 현명한 소비의 기본 원칙이다.

다음 단계는 **절제의 감각**을 기르는 것이다. 내가 운영하는 비원 모임에서는 건강하게 식비를 아끼는 미션을 진행한다. 이 미션은 단순히 먹고 싶은 것을 안 먹고 몸에 안 좋은 싼 음식을 먹으면서 돈을 아끼는 미션이 아니다. 절약은 '필요한 만큼만 사용한다'는 외적인 자원의 관리 개념이라면, 절제는 '필요 이상을 원하지 않는다'는 내적인 자기 욕망이나 감정을 조절하는 감정의 균형을 의미한다. 이러한 마음의 균형을 갖고 있는 사람은 불필요한 소비를 하지 않기에 절약이 저절로 이루어진다.

비원에서 식비 미션을 진행하는 목적은 절제하는 능력을 키우기 위함이다. 4인 가구 식비 1등을 했던 회원의 한 달 식비는 약 45만 원 정도였다. 그 회원은 미션을 진행하면서 외식, 배달 주문 및 패스트푸드 섭취를 대폭 줄이게 되었고, 가족끼리 집에서 직접 요리해 먹는 시간이 늘면서 가족 간의 관계도 좋아지고 건강도 좋아졌다고 했다.

나는 절제할 수 있는 사람이 더 많은 행복을 누릴 수 있다고 믿는다. 욕망에 끌려다니는 대신 자신의 가치를 중심으로 소비를 할 때 마음에 평화를 느끼고, 삶에 더 큰 만족을 느끼게 된다. 절제력은 소비를 통한 행복을 느끼게 해줄 뿐만 아니라, 행복한 부자가 갖고 있는 가장 기본이 되는 마음가짐이다.

라이프 코칭 인터뷰에서 만난 40대 A씨는 2010년대 중반에 커피 매장을 오픈해서 전국에 30여 개까지 매장을 키운 경험이 있었다. 그에게 '부자가 되기 위해 가장 필요한 덕목'이 무엇이냐고 묻자 그는 '절제'와 '꾸준함'이라고 답했다. 절제를 통해 진정한 행복감을 추구하는 능력이 부자가 되는 기본 자질이라고 그는 말했다. 먼저 성공을 경험한 인생 선배의 말을 허투루 흘려듣지 말기 바란다. 자신이 필요한 것과 필요하지 않은 것을 구분할 수 있는 능력, 그리고 불필요한 것을 욕망하는 무절제한 마음을 온전히 통제할 수 있을 때, 인간은 단순함을 통한 진정한 행복을 느낄 수 있다.

식비 절약 미션을 수행해보면 과거에 필요해서 샀던 식자재와 음식을 냉장고에 방치한 채 자꾸만 새로운 음식을 찾는 자신을 발견한다. 지금 냉장고에 방치된 음식들이 일주일 전 자신이 갈구했던 것이라는 사실을 까맣게 잊는다. 구매한 재료를 소비하지 않고 새로운 것을 자꾸 사서 채우면서 냉장고 안엔 유통기한이 지나거나 썩은 재료들이 쌓인다. 그야말로 돈을 휴지통에 버리는 습관이다.

이런 습관은 주로 부모에게 물려받은 경우가 많다. 부모가 식비에 무절제하면 자녀도 그 습성을 고스란히 배운다. 건강한 집밥보다 배달과 외식 음식을 선호하는 부모 밑에서 자란 아이들은 식비에서 통제력을 상실하기가 훨씬 쉽고, 나아가 다른 소비에도 통제력을 갖지 못하는 경우가 많다. 자본주의 게임에서 가장 중요한 '돈을 소중히 하는 마음'을 잃으면 그걸 되돌리는 데 상당한 시간과 에너지가 소모된다.

비원에서 실천하는 식비 미션과 함께 또 한 가지 절제력을 키우기 위한 미션으로, '한 달간 1일 한 개씩 비우기' 프로그램이 있다. 비우는 방법은 나눔, 재활용, 중고 판매 등이다. 이 미션에 참여하면 자신이 보유한 물건들 중에서 가장 불필요하다고 판단되는 물건부터 버리기 시작한다. 그중에는 돈이 아깝지 않을 정도로 감사한 마음으로 사용한 물건도 있고, 사놓고 제대로 사용하지 못한 것들도 있다. 없어도 상관없는 물건을 비우는 과정을 통해서 불필요한 소비를 했던 과거의 무절제한 생활을 반성하고, 현명한 소비 습관을 유지할 경각심을 갖게 된다. 혹시 자녀가 있다면 함께 실천해보기에 더없이 유용하고 가치 있는 미션이다.

100만 원의 위력

100만 원은 없어도 사는 데 큰 지장이 없는 돈이다. 하지만, 이 100만 원이 자본주의와 결합하면 엄청난 힘을 발휘한다.

한 달에 200만 원씩 저축해온 가계가 있다고 가정해보자. 소비 절제력을 키워 100만 원을 더 저축하면 매달 300만 원이 쌓이게 된다. 연간으로 치면 2400만 원에서 3600만 원으로, 무려 1200만 원을 더 모으게 된다.

여기서, 월별로 추가되는 100만 원을 저축이 아닌 다른 관점에서 접근해보겠다. 가계가 100만 원을 저축하지 않고 3억 원을 4% 이자율로 대출받아서 월 100만 원의 이자로 지불한다면? 대출받은 3억을 무가치한 소비에 쓰거나 무리한 사업 확장에 사

총 대출금과 이자율에 따른 월 상환액

대출금 / 이자율	2%	2.5%	3%	4%	5%	6%
100,000,000원	166,667원	208,333원	250,000원	333,333원	416,667원	500,000원
200,000,000원	333,333원	416,667원	500,000원	666,667원	833,333원	1,000,000원
300,000,000원	500,000원	625,000원	750,000원	1,000,000원	1,250,000원	1,500,000원
400,000,000원	666,667원	833,333원	1,000,000원	1,333,333원	1,666,667원	2,000,000원

용한다면 위험할 수 있다. 하지만, 저평가된 우량한 자산을 사는
데 사용한다면 얘기는 달라진다.

레버리지는 '공적 레버리지'와 '사적 레버리지'로 나뉜다. 은
행으로부터 받는 대출은 공적 레버리지, 전세 보증금은 대표적
인 사적 레버리지다.

어떤 아파트의 매매 가격이 10억이고 당시 전세가율이 70%
여서 전세 가격이 7억이라고 가정해보자.

당신이 3억의 자본금을 갖고 있다면, 사적 레버리지인 전세
보증금을 활용하면 당신은 이론적으로 10억의 자산을 살 수 있
다.(단, 아파트를 매수할 때 발생하는 취등록세 및 부동산 매매·전세 수
수료는 추가로 지출된다. 매매가 10억, 전세가 7억의 경우 약 4000만
원이 더 필요하다.) 이때 3억의 자본금을 공적 레버리지인 은행

대출로 충당할 수 있고, 은행 이자율이 4%라고 가정한다면 1년에 발생하는 이자의 총액은 1200만 원, 월로 환산하면 100만 원이다. 즉, 이론적으로 당신이 자본금 3억을 은행 대출로 충당하고 7억을 전세 보증금으로 충당하면 당신은 10억 자산을 살 수 있다. 절제하는 습관을 통해 모은 월 100만 원을 투자에 활용하면 10억의 자산을 살 수 있다는 말이다.

불필요한 소비로 나가던 100만 원을 아껴서 그 돈으로 공적 레버리지와 사적 레버리지를 모두 활용하면 전세가율 70%일

전세가율에 따라 선택할 수 있는 부동산 가격

전세가율	40%	50%	60%	70%	80%
부동산 가격	500,000,000원	600,000,000원	750,000,000원	1,000,000,000원	1,500,000,000원

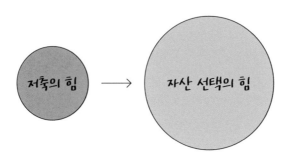

때 자산 10억짜리 아파트를 살 수 있다. 이 방식을 당신의 자산과 월별 저축액에 대입하여 계산해보고, 월 100만 원의 위력을 직접 체감해보기 바란다. 절제를 통한 저축이 레버리지를 만나면 자본주의의 마술이 펼쳐진다.

100만 원을 고가의 소모품을 사는 데 쓰겠는가, 10억짜리 자산을 구매하는 밑천으로 활용하겠는가? 선택권은 당신에게 있다.

소득의 50%를 모으는
최고의 방법

소득의 50% 이상을 모으는 사람들이 하나같이 공통적으로 지키는 원칙이 있다. 바로 '선 저축, 후 소비' 원칙이다. 엄청난 비법을 기대했다가 실망했다면 미안하지만, 이건 진리와도 같은 노하우다. 시드머니를 모으는 데 이보다 더 확실하고 효과적인 방법은 없다.

이들은 입을 모아 말한다.

"월급이 들어오면 50%를 적금 계좌에 이체하고 남은 돈으로 생활해요. 그게 전부예요. 다른 비결은 없어요."

"저는 소비를 즐기는 편이고 남편은 모으는 걸 잘해요. 그래서 월급이 들어오면 남편에게 다 보내고 생활비만 받아서 써요."

"월급날 투자, 연금, 저축, 생활비 계좌로 자동 이체하고 남은 금액은 파킹 통장에 둬요. 그게 한 달 생활비예요."

매월 일정 금액의 돈을 모으고 싶다면 방법은 간단하다. 제일 먼저 목표한 저축액을 저금하고 남은 예산 안에서 쓰면 된다. 아주 간단한 방법인데 실천하는 사람은 많지 않다. 돈을 많이 모으고 싶다면서 항상 쓰고 남은 돈을 모은다.

사실 세상에 나와 있는 부자가 되는 방법의 대부분은 당신이 이미 들었거나 책에서 읽었던 내용일 것이다. 단지 어떤 사람은 실천하고, 어떤 사람은 고개만 끄덕이고 인생에 적용하지 않았던 것뿐이다. 모으는 단계를 통과하지 못하면 그 어떤 조언도, 대단한 정보도 의미가 없다. 기본이 튼튼한 사람만이 부의 테크트리를 일찍 탈 수 있다.

다음은 통상적으로 가계에서 지출되는 항목을 열거한 항목이다. 항목별 월 평균 소비 금액을 적어본 다음, 소득의 50%를 떼어놓고 남는 금액으로 우선순위를 정해서 소비 항목별 금액을 다시 작성해보자. 통신비, 보험비 등 비효율적으로 지출되거나 허투루 빠져나가는 고정비가 없는지 꼼꼼히 따져보자. 비고정 지출에서 우선순위를 정하는 과정을 통해 '가치 있는 소비'와 '끊어야 할 낭비'를 명확히 구분하게 될 것이다.

대분류	중분류	소분류	내용	기존 월 평균 소비 금액	소득의 50% 저축을 위한 소비 금액
고정 지출	주거비	월세	매달 발생하는 주거 관련 비용		
	대출 상환비	주택 대출 / 자동차 대출	대출에 대한 원리금 상환 비용		
	보험료	건강보험 / 자동차보험 / 생명보험	매달 지출되는 보험료 총액		
	연금	개인연금	정기적으로 지출되는 연금		
	통신비	인터넷 / 휴대폰	인터넷 / TV / 모바일 등 통신 요금		
생활비	식비	외식 / 배달	음식 배달 및 외식 비용		
	식료품비	장보기	요리 및 조리에 사용되는 식자재 비용		
	교통비	대중교통 / 차량 유지비	주유비 / 주차비 / 차량 정비 요금 / 버스 및 지하철 이용 요금		
	공과금	전기 / 수도 / 가스	매월 발생하는 공공요금		
	생활용품비	청소 / 위생용품	가정에서 사용하는 소모품 구입비		
	잡화비	가전 / 가구	가정에서 사용하는 가구 / 전자제품 구입비		
꾸밈 / 여가	꾸밈비	의류 / 미용 / 세탁	의복 구매 / 관리 비용 및 헤어 / 피부 관리 비용		
	취미/문화비	영화 / 전시회 / 공연 관람	여가 및 문화 활동 비용		
	여행/휴가비	교통 / 숙박 / 입장료	국내외 여행 관련 비용		
자기 계발비	교육비	학원 등록 / 스터디 참가비	온 / 오프라인 강의 수강료		
	도서 구입비	전자책 / 이북	책, 잡지, 전자책 구입비		
대인 비용	경조사비	축의금 / 조의금	결혼식 / 장례식 등 경조사 비용		
	선물비	기념일 / 명절 / 각종 이벤트	생일 / 기념일 등 선물 구입 비용		
	용돈	부모님 / 자녀	부모님 / 자녀 등 용돈		
	회비	지인 / 동호회	각종 친목 모임 회비		
건강 / 의료비	병원비	진료비 / 건강검진	병원 진단 및 건강 검진 비용		
	약품비	의약품	처방약 및 일반 의약품 구입비		
	건강관리	운동 / 건강보조제	헬스장 / 수영 / 필라테스 이용권 등록비 및 영양제 / 건강식품 구입비		
기타 지출	기부	자선단체 후원	기부금 또는 사회 공헌 비용		
	예상 외 지출	수리비 / 사고 처리	자동차 사고, 전자제품 고장 수리 등 예기치 못한 지출		

당신의 돈을 대신 불려줄
사람은 없다

부자가 되고자 하는 열망은 있지만 최소한의 공부에도 시간을 투자하지 않는 사람이 많다. 이들은 투자와 사업에 대한 몰입의 시간을 거치지 않고 주변 사람들로부터 '쉽게' 정보를 얻으려는 의존적인 태도를 보인다. 스스로 공부할 의지가 없이 '돈을 벌 수 있다'는 주변의 소음에 쉽게 휘둘리는 것이다. '정보'와 '소음'을 구분하는 능력이 없다면 절대 그곳에 돈을 넣어서는 안 된다.

소음에 취약하고 다른 사람의 말에 의존하려고 하는 사람의 나약한 심리를 이용해서 돈을 버는 사람들이 있는데, 이들은 부정한 방법으로 1 대 다수의 사기 게임을 펼친다. 안타깝게도 많은 사람이 이들의 말에 혹해서 소중한 자산을 날려버린다. 이 위험에 가장 흔히 노출되는 순간이 바로 목돈을 쥐고 있을 때다. 목돈이 생기면 돈을 다루는 테스트 과정을 거치게 된다. '누가 돈이 있다'는 말은 빛의 속도로 주변으로 퍼져 나간다. 당신이 아무리 숨기려고 해도 하이에나들이 돈 냄새를 맡고 달려든다. 물론 그중에는 선의의 목적으로 도움을 주겠다고 접근하는 지인들도 아주 가끔 있기는 하지만, 거의 대부분은 당신의 돈을 뺏으려 접근한다는 것을 잊어서는 안 된다.

오래전 지인이 겪은 안타까운 사례다. 대기업에서 명예퇴직을 하면서 그는 상당히 많은 퇴직금을 수령했다. 당시에는 은행 예적금 금리가 아주 높았으니, 그 돈을 고스란히 은행에 넣어두고 이자만으로 생활해도 부족함이 없을 상황이었다. 그런데, 그의 가족 중 한 사람이 은행보다 더 높은 안정적 수익률을 보장해줄 투자처가 있다고 소개했다. 높은 수익금을 증명하기 위해 그의 가족은 1년에 가까운 기간 동안 한 번도 날짜를 어기지 않고 따박따박 이자가 입금된 통장을 보여주었다. 그 통장을 보고 눈이 돌아가지 않을 사람이 얼마나 될까. 통장을 확인한 지인은 은행보다 훨씬 더 높은 수익률을 확인하고 은행에 있던 돈을 몽땅 그 계좌로 옮겼다. 그렇게 '폰지 사기'로 퇴직금을 포함해서 전 재산을 날렸다.

폰지 사기Ponzi scheme는 다단계 금융 사기의 일종으로, 사업을 빙자해서 고수익을 단기간에 매우 안정적으로 보장해준다고 광고하면서 투자자들로부터 돈을 끌어모은다. 그리고 투자 계약에 약속한 수익금을 꽤 오랜 기간 동안 보장해준다. 처음엔 반신반의했던 투자자들은 날로 커지는 수익금에 믿음이 커지면서 점점 더 큰돈을 넘겨준다. 그리고 의심이 완전히 사라질 때쯤 대출을 받아 더 많은 돈을 거치하거나 지인들에게 투자 상품을 소개해준다. 이 사기 수법은 수익을 내는 사업이 없는 상황에서 신규 투자자로부터 유입된 돈으로 기존 투자자들에게 배당을 하는 메커니즘이기 때문에, 신규 투자자의 유입이 줄어들면 무너질 수밖에 없는 구조다. 보험회사나 상조회사 및 은행의 본질과도 맞닿아 있다. 하지만, 폰지 사기가 다른 점은 너무 높은 수익금을 보장해준다는 것과 사업의 실체가 없다는 것에 있다.

자신의 자본을 통제하고 관리하는 능력이 부재하면 이처럼 한순간에 평생에 걸쳐 모아온 머니 탱크를 통째로 도둑맞을 수 있다. 만일 당신이 이러한 능력과 돈에 대한 통제력을 갖추기 전이라면 '돈을 벌어준다'는 주변의 말은 100% 사기라고 믿는 편이 낫다. 만의 하나 그중 정말 큰 기회가 있다고 하더라도, 스스로 그것을 판별할 능력을 갖기 전에 얻는 기회는 진정한 기회도 아니고 다시 반복될 확률도 낮다. **운으로 얻은 '돈 벌 기회'는 머지않아 '잃을 기회'로 돌아온다.** 굴리는 능력만큼이나 중요한 것이 지키는 능력임을 잊지 말자.

4단계

PROTECTING MONEY

FIRST

공부하고
실행하라

지금 이 순간에도 돈의 가치는 무섭게 하락하고 있다. 자동차에 기름이 없으면 움직일 수 없듯 자본주의가 제대로 돌아가려면 돈이라는 윤활유가 끊임없이 쏟아져야 하고, 시장에 돈이 많이 풀릴수록 화폐의 가치는 그만큼 낮아진다. 열심히 벌고 모은 돈을 금고에 고이 보관하는 것이 돈을 쓰레기통에 버리는 행위나 다름없는 이유다.

자본주의 테크트리 4단계는 우리가 열심히 벌고 모아온 돈의 가치를 '적극적으로' 지키는 단계다. 방법은 단 두 가지, '공부'와 '실행'뿐이다. 이 책이 강조하는 투자나 사업을 당신 삶과 거리가 먼 딴 세상 이야기로 치부하지 않길 바란다. 경제적 자유를 얻은 사람, 그리고 그 자유를 부러워만 하는 사람의 결정적 차이는 이 허들을 넘었는가, 외면했는가에 있다. 1%의 단독자들만이 두려움과 리스크의 허들을 넘어 진정한 자유를 얻는다.

중요한 건 본질이다

고대 철학자 플라톤은 대표 저서 『국가Politeia』에서 그의 핵심 사상인 이데아론을 '동굴의 비유'로 설명했다.

죄수들이 빛이 들어오지 않아 깜깜한 동굴에 갇혀 있다. 동굴에서 나고 자란 이들은 태어날 때부터 몸이 결박되어 동굴의 한쪽 벽면만 볼 수 있다. 그들 뒤로는 모닥불이 피워져 있고, 사제들이 죄수들과 모닥불 사이에서 물건을 가지고 돌아다닌다. 모닥불은 죄수들이 보는 벽면에 그림자 세상을 만들어낸다. 죄수들은 태어나서 줄곧 동굴 벽면에 비친 그림자만 보고 자랐기 때문에 그들에게는 이 그림자가 세상의 전부이자 '진리'다.

그러던 어느 날, 죄수 한 명이 결박을 풀고 밖으로 탈옥을 계획한다. 하지만 다른 죄수들은 위험한 시도를 할 용기가 없다. 불편하지만 익숙한 현재의 삶이 전부라고 생각하며 살아가는 그들에게 동굴 밖 세상은 위험하고 두려운 대상이다. 또한 탈옥을 하다가 잡힐 경우 받을 수 있는 고통을 감내하고 싶지 않다.

탈옥을 결심한 죄수는 사제들의 눈을 피해 결국 탈출에 성공한다. 평생을 어두운 동굴에서 살아왔던 그는 강렬한 태양 빛에 눈이 부셔 한동안 눈을 뜨지 못한다. 그리고 서서히 태양빛에 적응하면서 그동안 세상의 전부라고 믿었던 벽면에 비친 그림자들이 '조작된 현실'임을 깨닫는다. 동굴 밖에 실재하는 사물들을 오감으로 느끼면서 그는 처음으로 세상의 본질을 마주한다.

현대 자본주의를 살아가는 우리는 동굴 속 죄수와 다르지 않다. 저마다 각자가 옳다고 생각하는 것을 진리라고 생각하고 살아간다. 물론 무엇이 진리이고 또 무엇이 조작된 거짓인지는 우리 모두 완벽하게 알 수 없다. 플라톤의 '동굴의 비유'에서 탈옥한 죄수가 처음 본 동굴 밖 세상 또한, 또 하나의 조작된 거짓의 세계일 가능성도 배제할 수 없다. 하지만 우리는 살아 숨 쉬고 있는 동안에는 끝없이 진리를 추구하고 본질에 가까이 가도록 노력해야 한다.

이는 자본주의 속에서 살아갈 우리가 숙명적으로 가져야 할 공부의 자세다. 자본주의사회에서 돈과 시간으로부터의 자유를 얻기 위해서는 일과 투자, 이 두 가지가 제일 중요한 수단이다. 일과 투자를 배제하고는 자본주의의 본질을 논할 수 없다. 본질을 깨닫고 알아갈수록 우리는 우리가 원하는 진정한 자유에 가까워질 수 있다.

우리는 어릴 때부터 부모님과 학교에서 배운 것들이 모두 진리라고 생각하고 살아왔다. 그 어떤 의문도 갖지 않고, 혹은 떠오르는 의문을 외면하고 산다. 그러다가 자꾸만 뒤처지는 것을 깨닫는다. 하지만 대다수의 경우 이 의문을 끝까지 좇지 않는다. '왜'라는 의문을 던지는 순간부터 우리는 '동굴의 비유'에서 죄수를 도와주러 온 사람(진리를 아는 철학자)을 만날 단초를 마련하게 된다.

끊임없이 '왜?'라는 질문을 던지자. 진리를 추구하는 사람을 우리는 철학자라고 부른다. 이 책을 읽고 있는 당신이 지금까지의 세상을 누군가의 말과 틀에 박힌 사고로 보지 않고 세상의 본질을 탐구하는 노력을 하는 순간, 당신은 자기 삶의 철학자가 되고 일과 투자의 본질에 가까워질 것이다. 하는 일은 더욱 재미있어지고, 성과는 훨씬 커질 것이다.

돈은 자연스럽게 따라올 수밖에 없다. 어떤 분야든 본질을 모르고 겉만 보아온 수많은 사람이, 당신의 말과 행동, 당신이 이룬 결실에 환호할 것이기 때문이다.

목적 없는 공부는
시간 낭비다

학창 시절 공부를 하는 목적은 좋은 성적을 얻기 위함이었다. 의자에 오래 앉아 있는다고 성적이 오르는 것이 아니고 시험을 잘 보는 요령이 필요하다. 그 요령 중 하나로 우리는 '족보'라는 것을 활용했다. 같은 과목의 같은 교사가 낸 시험 문제 족보를 획득한 학생은 높은 성적을 받기에 상당히 유리한 상황에 놓인다. 교과 내용에 변화가 없다면 문제의 범위나 방식이 이전 자료에서 크게 벗어나지 않기 때문이다. 반면 족보를 입수할 방법도, 시험 센스도 없는 아이들은 실속 없이 공부하는 시간만 많이 쓰게 된다. 이런 경우 공부를 잘하는 아이를 옆에 두고 관찰하는 것이 성적을 올리는 가장 빠른 길이다.

학교생활이 더 좋은 성적을 얻기 위한 과정이라면, 성인의 사회생활은 더 큰 경제적 성과를 얻기 위한 과정이다. 우리가 하는 모든 경제활동은 더 높은 소득을 얻고 더 많은 자본 게임을 하기 위한 일이라는 사실을 명확히 인지해야 한다.

그렇다면, 사회에서의 공부는 달라야 한다. 직장이라는 경쟁 피라미드를 세상의 전부로 인식하면 한정된 목표만 바라보고 한정된 공부만 하며 시간을 허비하기 쉽다.

20대 초 한 청년이 꿈에 그린 회사에 입사한다. 포부에 찬 신입 사원은 그 피라미드의 꼭대기에 올라가겠다는 꿈을 꾼다. 그러나 연차가 쌓일수록 그 꿈을 이룰 가능성이 현실적으로 낮다는 사실을 뼈저리게 깨닫는다. 그리고 어느 날 갑자기, 길을 잃었다는 당혹감에 휩싸인다.

내가 만난 수많은 청년이 이 수순을 밟았다.

피라미드 구조 안에서 위로 올라가겠다는 공통된 목적을 가진 이들은 어떻게든 더 많은 경쟁력을 갖춰야 빠르게 변하는 세상을 쫓아 도태되지 않을 것이라 믿는다. 그리고 무작정 서점에 가서 토익, 토플, 각종 자격증 참고서를 집어 든다. 주말이면 어학원에 가서 학생들 사이에 끼어 언어를 습득하는 데 돈을 쓴다. 학교에서 했던 행동을 경제활동을 하는 지금도 그대로 답습하는 것이다. 이런 행동은 '뭐라도 하고 있다'는 심리적 안도감을 주긴 하지만, 승진 및 소득을 올리는 데에는 전혀 영향을 주지 않는다. 돈과 시간만 낭비할 뿐이다.

돈과 시간을 쓸 때는 최소한 그것이 목적성이 있는 소비인가를 판단할 줄 알아야 한다. 그런데 우리는 그 능력을 학교와 사회에서 배우지 못했다. 자본주의 테크트리 맵을 예로 들어, 당신이 돈을 모으는 능력이 부족하다면 그와 관련된 책과 강의를 들어야 하고, 투자와 운영 방식에 대한 지식이 부족하다면 그와 관련된 곳에 시간과 돈을 써야 한다. **독감에 걸렸는데 정형외과를 찾는 노력은 이제 그만두자.** 부족한 걸 채우는 공부만 하기에도 시간이 부족하다.

아무 책이나 읽지 마라

성공에 관해 쓴 책들을 보면 책을 많이 읽으라는 말이 자주 나온다. 맞는 말이다. 나도 지금 책을 쓰고 있지만, 책을 쓰는 압박감은 상상 이상이다. 그만큼 저자는 자신의 모든 것을 책에 쏟아부으려고 노력한다.

한 권의 책에는 한 사람의 경험과 사고의 엑기스가 담겨 있기 때문에, 나는 책을 사는 것이 세상에서 가장 가성비 좋은 소비라고 생각한다. 물론 돈이 아까운 책도 너무 많다. 여러 권의 책을 읽다 보면 좋은 책과 그렇지 못한 책을 골라내는 능력도 자연스럽게 생기게 된다.

나는 비원 모임에서 책을 통해 인생이 바뀐 이들을 아주 많이 보았다. 그중 한 사람인 50대 여성의 이야기다. 어린 시절 그녀의 부모님은 사업으로 많이 바빴다. 그렇다 보니 오빠와 함께 보내는 시간이 많았는데, 그녀의 어머니는 남매에게 백과사전, 과학책, 바둑과 장기를 주고 그걸로 놀고 있으라고 했다. 아이들은 처음에는 책을 쌓으면서 놀거나, 장기알로 탑 쌓기나 바둑알 튕기기를 하면서 놀았다. 그렇게 온갖 방법으로 놀다가 어느 순간 노는 것도 지겨워져서 책을 읽기 시작했다. 얼마 뒤 그녀의 오빠는 전국 발명왕 대회에서 입상을 했고, 그녀는 교내 '발명왕'이 되었다. 그녀는 50의 나이이지만 여전히 아이디어가 풍부하고 영민한 면모가 두드러진다. 내일은 어떤 일이 일어날지 기대하는 마음을 여전히 품고 사는 그녀의 원동력은 어린 시절 자신의 삶을 지배했던 책에 있었다.

비슷한 사연을 들려준 또 한 사람이 있다. 맞벌이로 바쁜 부모를 둔 그는 할아버지와 가장 많은 시간을 보냈는데, 할아버지는 손자의 손을 잡고 매일 동네 서점에 들러서 함께 책을 읽었다. 읽고 싶은 책을 가져오면 할아버지는 묻지도 따지지도 않고 그 책을 사주셨다. 손주가 어떤 책을 고르든 아무 제약을 두지 않고 원하는 만큼 보게 했다. 전국 모의고사 1등을 하고 서울대

의대에 입학해 현재 병원 원장으로 근무하는 그는 한 번도 학원에 다닌 적이 없었다고 한다. 남다른 학업 능력에도, 인생에서 내리는 수많은 판단과 결정에도 어린 시절의 독서 경험이 가장 큰 도움이 되었다고 그는 말한다.

나 역시 책 중심 자녀교육을 실천해왔다. 두 명의 남매를 두고 있는데, 아들은 고 3 때까지 국영수 학원을 다닌 적이 없다. 재수 할 때 처음으로 기숙학원에 보내달라는 부탁을 해서 보내준 것 외에는 그 흔한 학습지 한번 시키지 않았다. 그럼에도 아들은 당당하게 정시로 서울대에 입학했다. 딸 역시 의대에 재학 중인데, 중 3 때까지 오빠처럼 학원을 다닌 적이 없었다. 사교육을 거의 받지 않았음에도 고등학교 때 반에서 1등급을 받을 정도로 공부를 잘했다. 나의 아이들이 사교육 없이 좋은 성적을 얻을 수 있었던 힘은 바로 어릴 때부터 접한 수많은 책 덕분이라고 생각한다. 거실과 방의 벽이 늘 책으로 도배되어 있었고, 나와 아내는 시간이 날 때마다 아이들에게 책을 읽어주었다. 시대가 아무리 변해도 최고의 일타 강사는 다름 아닌 책이다.

사람들이 책을 읽는 목적은 다양하지만, 대부분 현재보다 더 나은 삶을 살고 더 성장하기 위함일 것이다. 문제는 하루에도 수백, 수천 권씩 쏟아져 나오는 책들 중에서 자신에게 필요한 책을 어떻게 선택하는가에 있다. 바쁜 일상 속에서 책에 집중하는 시간을 확보하는 것도 쉽지 않은데, 애써 다 읽고도 아무 소득을 얻지 못하는 경험이 쌓이면 책과는 점점 거리가 멀어질 수밖에 없다.

어릴 때야 장르를 가리지 않고 다양한 책을 섭렵할 필요가 있지만, 성인의 독서법은 달라야 한다. 시간적인 제약이 많은 성인은 최대한 '뾰족한 독서'를 할 줄 알아야 한다. 즉 '목적성에 부합되는 책'에 집중해야 한다. '몇 백 권의 책을 읽으면 성공한다'라는 단순한 공식을 믿고 아무 책이나 잡식해봐야 남는 것이 없다. 나는 책을 고르는 기준도 자본주의 테크트리 맵에서 찾길 권한다. 각 단계에서 당신에게 부족한 것을 파악하고, 그 약한 부분을 채워줄 양질의 독서를 해야 한다.

책이 인간의 성장과 성공에 미치는 영향은 형언할 수 없을 만큼 중요하고 또 중요하다. 그리고 우리에게는 과거로 시간 여행을 할 수 있는 능력이 없다. 지금 이 순간도 0.1초가 지나가면 과거가 되어버린다. 그러니 아무 책이나 읽으면서 아까운 시간을 흘려보내지 말고, 한 시간의 독서로 1년의 시간을 아껴줄 책을 선택하기 바란다. 자본주의 테크트리 4단계가 강조하는 '공부'의 목적

은 당신이 가고자 하는 길을 먼저 걸어갔던 멘토로부터 배움을
얻고, 시행착오를 줄이고, 시간을 아끼기 위함이다. 이 목적을
충족하는 책과 멘토에게 우리의 시간을 투자해야 한다.

멘토를 선택하는 기준

인생을 살아가면서 중요한 결정들을 내릴 때마다 충실하게 조언해줄 사람이 늘 곁에 있다면 얼마나 좋을까?

아기는 엄마, 아빠의 발등 위에서 간접적으로 걷는 것을 경험한다. 잘 걷고, 빠른 속도로 뛰는 부모를 보면서 자신도 걷고 뛸 수 있다는 자신감을 가진다. 다리에 힘이 차오르고 바닥에 발바닥을 딛고 직접 감촉을 느끼면서 한 발 한 발 걸음마를 시작한다. 돈에 관한 교육 역시 그렇게 이루어졌다면 우리의 삶은 훨씬 수월해졌을 것이다.

아이작 뉴턴은 "내가 다른 사람보다 더 멀리 앞을 내다볼 수 있다면 그것은 거인의 어깨를 딛고 서 있기 때문이다"라는 유명한 말을 남겼다. 거인의 어깨에 올라서서 넓은 세상을 보며 거인의 말과 행동을 배우고 익힌다면 그보다 더 좋은 교육은 없을 것이다. 일과 투자에서도 마찬가지다. 당신에게 걸음마를 가르치듯 성공의 지혜를 가르쳐주는 사람이 없다면 당신 스스로 인생을 바꾸어줄 거인을 찾아야 한다. 당신의 시야를 넓혀주고, 당신이 닮고 싶은 목소리를 가진 사람을 말이다.

단, 반드시 주의해야 할 것이 있다. 거인들 중에는 아이를 스스로 걷게 가르치지 않고, 계속해서 자신의 품 안에 두고 아이의 피를 빨아먹고 사는 사람들이 있다. 시간이 지나고 보면 거인만 더 커져 있고, 아이는 여전히 스스로 걷지 못한다. 거인의 어깨에 올라타서 세상을 보는 단계는 꼭 필요하나, 줄곧 어깨 위에서만 지내다 보면 다리 근육이 약해져 자기 힘으로는 전혀 걸을 수 없는 상태에 이르기 쉽다.

세상엔 스스로 '전문가'라고 칭하는 사람이 많다. 너도 나도 전문가라는 간판을 달고 활동하니 도대체 누구를 믿고 배움을 청할지 판단하기 어렵다. 단기간에 부자가 될 수 있다는 홍보 문구에 혹해서 속는 셈 치고 강의를 듣거나 컨설팅을 받았다가 이도 저도 아닌 성과로 흐지부지되는 경우도 많다. 더 나은 삶을 개척하기 위해 새로운 분야를 배워보려는 사람들이 모인 곳에는 언제나 실력이 없거나 의도적으로 돈 냄새를 맡고 전문가 행세를 하는 사기꾼들이 공존한다. 이들의 감언이설에 현혹되었다가는 피 땀 흘려 번 돈이 한순간에 공중분해될 수 있다.

한편 수요자들이 전문가를 오판하는 경우도 잦다. 예를 들어, 수억 원의 돈이 들어가는 부동산 투자를 결심할 때 많은 사람이 부동산 공인중개소 소장에게만 물어보고 최종 결정을 내린다. 부동산 거래를 본업으로 하는 분들이니 거래 실무 및 해당 지역의 시장 분위기는 물론 그들이 누구보다 잘 안다. 하지만, 당신이 집을 팔고 사는 최적의 시기에 대해서는 중개업자도 솔직히 잘 모른다. 그들은 엄연히 매매와 전월세 거래가 성사될 때 수수료를 받아서 생활하는 자영업자이기에, 매수자나 매도자 양쪽의 입장을 모두 고려해야 한다. 같은 시기에 같은 매물을 가지고 매수자에게는 '사야 하는 이유'를, 매도자에게는 '팔아야 하는 이유'를 설득해야 거래가 성사된다. 따라서 부동산 중개업자의 말은 참고만 할 뿐, 거래를 판단하는 기준으로 삼기에는 적절치 않다.

진정한 멘토는 배우고자 하는 사람이 스스로 걷고 뛸 수 있도록 도와주는 사람이다. 이런 멘토는 '공부가 선행된' 사람에게만 온다는 사실을 기억하자. 아무런 공부 없이 정답만 요구하는 사람에게는 사기꾼이 꼬이기 십상이다.

적극적으로 실패하라

모든 것의 시작은 위험하다. 그러나 무엇을 막론하고, 시작하지
않으면 아무것도 시작되지 않는다.

— 프리드리히 니체

인생을 바꾸기로 마음먹었다면 머뭇거리는 시간을 최대한
줄여라. 시도하지 않으면 아무것도 달라지는 것이 없다. 한 걸음
이라도 발을 내딛어야 생각의 힘, 실행의 힘이 붙고 성공의 길이
보이기 시작한다. 머릿속으로만 이미 회사를 다 차리고 파산까
지 해보고 지레 포기하는 사람이 많다. 이래서 포기, 저래서 포
기, '아직은 시기상조'라고 입을 모아 말한다.

50년 넘는 인생을 살아보니, 일이라는 것이 계획한 그대로 되는 경우는 많지 않았다. 하지만 일단 시작하고 일을 진행해가다 보면 계획과 달리 흘러가도 새로운 방향성은 늘 있었다.

자기 한계를 깨고 새 삶을 개척한 사람들은 한결같이 이렇게 말한다.

"제가 이렇게 될 수 있을 줄은 정말 상상도 못 했어요."

"5년 전, 2년 전의 제가 지금의 저를 본다면 정말 놀랄 겁니다."

"현재의 제 모습이 아직도 낯설고 신기해요."

이들의 공통점은 '시작했다는 것'에 있다. 일단 출발하고 자기를 믿고 걸어가면서 순간순간 최선의 선택을 하고자 노력했다. 그러다 보니 어느 순간 과거의 자신은 상상도 할 수 없는 지점에 도달해 있었다.

걷지 않고 머리만 잔뜩 커져버린 망부석이 되어 다른 사람들이 걷고 뛰는 모습을 부러워하지 말자. 그 시간을 당신 인생을 위해 실행하는 시간으로 전환하라. 남의 인생을 질투하고 선망하기에 우리의 삶은 너무도 짧다.

시작하는 것도 습관이다. 작은 것에도 머뭇대면 아무것도 하지 못한다. 당신은 지금의 생활이 최선이라고 위로하며 살아가겠지만, 당신도 이미 알고 있다. 이게 최선이 아니라는 것을 말이다. 그런데, 전혀 위로가 되지 않는다.

그동안 생각만 하고 묵혀왔던 것이 있다면 오늘 바로 시작해보자. 누구도 당신에게 손가락질하며 비난하지 않으니 실행을 막는 기우는 잠시 접어두자. 사람들은 모두 각자 살기 바빠서 당신을 신경 쓸 겨를도 없다. 남의 눈을 과도하게 의식하는 삶의 습관은 걱정을 부풀리고 인생의 많은 기회 앞에서 머뭇대게 만든다. 오히려 사람들은 시작하는 사람들에게 박수를 보낸다. 왜? 자신이 그렇게 하지 못하기 때문이다.

30도쯤 바뀌는 것으론 부족하다. 180도 의식의 전환이 필요하다. 그동안 머릿속으로 생각만 했던 일이 얼마나 많은가.

일을 할 때나 어떤 콘텐츠를 볼 때 이런 생각을 한 번쯤 해봤을 것이다.

'어, 저거 예전에 내가 생각했던 건데.'

'저건 내가 하면 더 잘할 수 있을 텐데.'

그 일을 지금 시작하라. 시작하는 습관은 성공을 앞당긴다. 물론 실패할 수도 있다. 하지만, **성공은 실패했던 사람들에게만 주어지는 선물이다. 적극적으로 실패하라.** 일단 실패하면 다음에는 같은 실수나 시행착오를 반복하지 않게 된다. 이 반복이 성공의 유일한 기술이다.

당신의 실행 DNA를 오늘부터 하나씩 깨워나가자. 실행이 없다면 그 어떤 변화도 기대할 수 없다는 것을 명심하고 또 명심하자. 시작을 두려워하지만 않아도 당신이 다른 사람들보다 성공할 확률은 그만큼 높아진다. 세상엔 생각만 하고 주저하는 사람들이 95% 이상이기 때문이다.

불안은 아주 멋진
시그널이다

해보지 않은 것들에 대해 거부감을 갖는 것은 인간의 본능적 습성이다. 방어기제에 관한 한 최고의 연구가인 프로이트에 따르면 '자기방어ego defence'는 갈등을 일으키는 충동들 간의 타협, 혹은 좌절 상황을 인식하지 못하게 함으로써 내적 갈등과 불안을 감소시키는 정신적 조작이라고 한다.

한 사람이 살면서 모든 경험을 다 해볼 필요는 없다. 그럴 만큼의 시간적·경제적 여유도 없다. 하지만 최소한 미래의 삶에 크게 기대할 것이 없다면, 미래의 당신을 위해 현재의 경험을 바꿀 책임이 있다. 당신의 삶을 성장의 길로 이끌 배움과 시도를 막아서는 거부 본능을 단호하게 무너뜨려야 한다.

'오늘과 똑같은 내일을 살라'라는 말만큼 최악의 저주는 없다. 본질적으로 인간은 새로운 것들을 추구하고 성장할 때 행복을 느끼는 동물이기 때문이다. 만약 지금이 너무나 편안하다고 느낀다면 그건 성장이 멈추어 있다는 증거다. 반대로 이 글을 읽고 있는 당신의 마음에 불안과 불편함이 내재되어 있다면, 당신은 여전히 성장을 갈구하는 정상적인 인간이며 그 불안함은 공부와 실행을 통해 자연스럽게 해소된다. 공부만 한다고 해서 불안감이 사라지지는 않는다. 공부와 실행이 함께 가야만 지금의 걱정과 불안이 편안함과 익숙함으로 바뀐다. 사람은 불안할 때 성장하고, 불안감이 익숙함으로 변할 때 성장이 멈춘다. 이 단순한 원리를 항상 기억하기 바란다.

실행력이 부족한 사람들은 상대적으로 자기 통제력이 약한 특징이 있다. 이런 사람들은 실행을 할 수밖에 없는 환경 속에 자신을 집어넣을 필요가 있다. 가장 좋은 수단은 '돈'이다. 투자와 사업에 실질적으로 도움 되는 강의에 등록하는 등의 새로운 프로젝트를 일상에 추가함으로써 스스로 강제성을 부여해보자. 돈과 사회적인 약속이 얽혀 있으면 일종의 구속력을 발휘해 그 행동이 가치 있다고 판단하게 된다. 당신의 도전에 나태함이 방해된다면 외부 자원을 적극적으로 빌려 일상의 루틴에 변화를 주자.

　주어진 것을 아무 생각 없이 받아들이는 것은 쉽다. 하지만 아무런 의문과 저항 없이 받아들이는 순간, 우리는 삶에 대한 주도권을 잃는다. **평생 동안 믿어온 '안전지대'로부터 하루빨리 벗어나라. 불확실성의 시대에 거기만큼 불안전한 지대는 없다.**

THE

5단계
MULTIPLYING MONEY

FIRST

인플레이션의 속도를
추월하라

ASTERING MONEY AND TIM

수중에 돈을 꼭 쥐고 있는 것이 돈을 지키는 게 아니라는 걸 알았다면, 이제 그 돈으로 곱하기 게임을 할 차례다. 부푼 꿈을 안고 여기까지 온 사람 중 95% 이상이 이 단계에서 포기했다. 포기한 그들은 '새로운 도전은 위험하다'며 두려움을 전파하는 '실패의 전도사'가 된다. 경기 침체 사이클이 오는 시기에 이 전도사의 숫자는 대폭 늘어나고, 부의 사다리를 타는 사람은 그에 비례해서 급격히 줄어든다. 그렇게, 기회는 '끝까지 살아남은' 소수에게 돌아간다.

인플레이션의 공포로부터 당신의 돈을 지키는 유일한 수단은 우량한 자산을 취득하는 것뿐이다. 사업을 하기 위한 유무형의 자산, 투자를 통해 얻는 금융자산과 실물자산을 전략적으로 취득해야 한다. 5단계에서는 인플레이션의 속도를 추월하는 곱하기 게임의 법칙을 알아보겠다.

돈으로 명품이 아니라
자산을 사라

자본 게임을 이해하기 위해서는 돈과 자본의 차이부터 알아야 한다. 돈은 소비할 수 있는 자원이고, 자본은 투자와 생산에 사용되는 자원이다. 돈이 소비를 위해 존재한다면, 자본은 생산적 활동을 하는 데 사용된다. 돈은 소비하면 사라지고, 자본은 생산적 활동을 통해 잉여가치를 만들어 증식한다. 돈이 마이너스 작용을 한다면, 자본은 플러스 작용을 한다. 이와 같은 플러스 잉여가치가 경제적 자유를 얻는 핵심 재원이 된다. 이 핵심 재원과 레버리지가 만날 때 자생소득이 발생하고, 그 결과에 따라 부의 규모가 결정된다. 레버리지를 배우기 전에 우선 돈과 자본의 개념부터 명확히 구분해두자.

A	일 — 지출 — 물건 — 잔액

1,000,000원   1,500,000원

B	일 — 지출 — 물건 — 잔액

1,000,000원   700,000원

    A와 B가 일을 통해 얻는 돈은 근로소득일 수도 있고, 사업소득일 수도 있다. 사업소득이 항상 근로소득보다 높은 것은 아니다. 하지만 근로소득이 닫힌 소득이라면, 사업소득은 그 끝을 알 수 없는 열린 소득이다. 따라서 사업은 자본 혁명의 필수 과정이다. 단, 근로소득을 중단하고 사업에 올인하는 것은 추천하지 않는다. 앞에서도 말했듯이, 현재 직장인이라면 근로소득을 유지하면서 사업을 통해 추가 소득을 만드는 것이 가장 이상적이다.

    A와 B는 같은 회사에서 동일한 연봉을 받고 있고, 월별 지출액과 저축액이 동일하다. A는 소득에서 100만 원을 여러 가지 물건을 사는 데 지출했고, 그 결과 100만 원이 150만 원으로 증식하면서 50만 원의 잉여가치를 만들어냈다. A는 잉여가치를 만들어내기 위해 어떤 행동을 했을까? 그는 물건을 사서 부가가치를 더해 판매함으로써 수익을 얻었다. 여기서 발생한 50만 원의 잉여가치로 인해 A의 자본은 계속 팽창해나갈 것이다.

B는 잉여가치를 만드는 어떠한 행동도 하지 않았고, 100만 원의 소득에서 30만 원을 소비해서 70만 원이 남았다. 그가 사용한 30만 원은 생산적 활동을 위해 사용된 돈이 아니기 때문에 자본이 아니라 사라진 돈에 불과하다. B가 구매한 30만 원짜리 제품의 원가가 15만 원이라면, 그 제품을 판매한 공급자는 15만 원의 잉여가치를 만들어냈기 때문에 그가 지출한 15만 원은 자본에 해당한다. 이렇듯 언제나 **소비의 이면에는 생산이 있고, 생산을 위해 사용된 돈은 자본이 된다**.

자본주의사회에 살고 있는 이상 우리는 자본 게임에 참여할 수밖에 없다. 당신이 사업이나 투자를 하고 있지 않다고 자본 게임에서 완전히 배제된 것이 아니다. 직장을 다니는 것 또한 자본 게임에 참여하고 있는 것이다. 다만, B의 행동을 최소화하고 A의 행동을 꾸준히 시도하고 실행해나갈 때 이 게임에 본격적으로 참여할 수 있게 되는 것이다. 현재 직장에 다닌다고 하더라도 자본 게임에 적극 참여할 수 있다. 과거 산업혁명 시기엔 공장을 소유한 사람만이 자본가가 될 수 있었지만, 이제는 직장을 다니면서도 잉여가치를 높이는 데 월급을 최대로 활용한다면 자본가가 될 수 있다.

돈으로 자산을 사는 것이 자본 게임이다

돈으로 자산을 사야 한다고 해서 아무 자산이나 사면 안 된다. 자산에도 종류가 있다. 실물자산과 금융자산 그리고 무형자산이 그것이다.

실물자산으로는 부동산(토지·건물), 차량, 기계, 설비 그리고 상품이나 원자재와 같은 재고자산이 있다. 제조업이나 물류업에 종사하는 사업자의 경우 여기서 언급한 종류의 실물자산을 대부분 보유하고 있다. 이 실물자산이 사업의 원동력이 되어 유기적으로 움직인다. 아마 책을 읽는 독자분들 중에는 근로소득이 주 소득원인 분이 많을 것이다. 이 경우 주로 실 거주 부동산이나 이동 수단으로서의 자동차가 실물자산의 대부분이다. 자동차는 구매하는 순간부터 감가상각이 되므로 '소비성 마이너스 실물자산'에 속하고, 주거용 부동산은 돈의 가치의 하락에 반비례해서 가격이 오르는 '증식형 플러스 실물자산'에 속한다. 만일 당신이 자본 게임 초기 단계에 있다면 보유한 자본금의 규모가 작을 확률이 높기 때문에, 소비성 실물자산인 자동차의 비중을 최소화하고 증식형 실물자산인 부동산의 비중을 최대로 높이는 것이 중요하다.

금융자산은 현금이나 현금으로 전환 가능한 자산으로, 주로 금융시장에서 거래되거나 금융기관을 통해 관리된다. 금융자산에는 종류가 많지만, 대표적으로 현금 및 현금성 자산, 예금 및 대출, 주식, 채권, 펀드, 파생상품, 보험 및 연금 등이 있다. 비트코인과 같은 가상화폐도 금융자산에 포함된다. 예금, 보험, 연금 등은 수동적 금융자산이고, 주식 및 가상화폐 등은 능동적 금융자산으로 볼 수 있다. 이 책에서는 능동적 금융자산인 주식에 대해서만 간단하게 다루려고 한다. 무형자산으로는 지적재산권, 인세, 영업권, 브랜드 가치 등이 있다. 소자본 창업으로 수익을 극대화하려면 무형의 자산을 보유한 사람이 유리하다.

부동산과 주식의 차이점

근로소득을 받는 직장인이 투자 없이 경제적 자유를 얻기는 현실적으로 불가능하다. 근로소득이 자산의 증식 속도보다 빠른 극소수의 사람들은 이 책을 읽을 필요가 없고, 주식이나 부동산 투자를 하지 않아도 무방하다. 당신의 연봉이 5억 이하라면, 자산의 유형별 특징을 살피고 현실적인 자본 게임 전략을 짜야 한다.

구분	부동산 투자	주식 투자
투자 대상	토지, 주택, 상업용 건물 등 실물자산	기업의 주식(지분) 등 금융자산
수익 방식	임대 수익(월세) + 시세 차익(매매)	배당 수익 + 시세 차익(주가 상승)
초기 투자 비용	상대적으로 매우 높음	적은 금액으로 투자 가능
환금성	낮음(매매에 시간 소요)	높음(즉시 매매 가능)
리스크	상대적으로 낮음(장기적으로 안정적)	높음(시장 변동성)
시장 변동성	경제 상황, 지역 개발, 금리 등에 영향	경기, 기업 실적, 뉴스 등에 영향
관리 필요 여부	유지 보수, 임대 관리 등 지속적 관리 필요	직접적 관리 불필요
레버리지 효과	대출을 통해 큰 자본 투자 가능	증권사 신용 거래 가능 하지만 제한적
세금	취득세, 재산세, 양도소득세 등 부담 많음	배당소득세, 양도소득세가 상대적으로 낮음
투자 기간	장기 투자에 적합	단기 및 장기 투자 모두 가능
시장 접근성	제한적(지역 및 자금 조건 필요)	누구나 쉽게 접근 가능

상위 1% 자산가의 8:2 법칙

한국의 상위 1%가 보유한 실물자산과 금융자산의 비중을 보면 약 8:2의 비율이다. 한국 가계의 평균 자산 구성 비율은 상위 1%와 많은 차이가 존재하지 않는다. 결국 부의 격차가 벌어지는 이유는 실물자산인 부동산에 있다는 결론을 얻을 수 있다.

상위 1%의 자산이 50억이라고 가정한다면, 실물자산이 40억, 금융자산이 10억이라고 볼 수 있다. 상위 1%의 주식 투자 평균 금액은 최소 5억일 것으로 추정하고 있다. 한편 한국의 가구별 평균 실물자산은 약 4억, 금융자산은 1억 2000만 원 정도다. 실물자산은 약 열 배의 차이가 나고, 금융자산은 여덟 배 남짓 차이난다. 자산이 낮을수록 위험 회피 성향이 더 강하기 때문에 가구별 평균 주식 투자 금액을 금융자산의 40%로 가정하면 5000만 원이 조금 안 된다. 이렇게 보면 상위 1%와 가구 평균의 부동산, 주식 자산의 차이는 약 열 배라고 봐도 무리는 없을 것이다.

한국의 상위 1% 자산가가 되길 원한다면 실물자산과 금융자산의 비중을 8:2로 유지하면 된다. 다만 자본 게임의 전반전에는 자산의 80%를 차지하는 부동산에 집중하는 것이 절대적으로 유리하다. 실물자산 40억과 4억, 금융자산 5억과 5천만 원 모두 막대한 차이가 있다. 그러나 이보다 더 절대적인 격차는 부동산 36억, 주식 4억 5천만 원에서 벌어진다. 부동산이 주식보다 여덟 배 높다. 이 격차를 최대한 줄여서 자산 피라미드 상위로 점프하려면 어디에 더 집중해야 유리하겠는가? 답은 심플하다.

부동산 투자 3원칙

부동산 투자법을 본격적으로 다루기엔 지면이 부족하므로, 이 책에서는 당신이 꼭 기억해야 할 부동산 투자의 기준을 짚고 넘어가겠다. 이 원칙만 분명히 숙지해도 잘못된 자산을 선택해서 몇 년 동안 마음고생할 일이 줄어든다.

원칙 1: 생애주기가 아닌 타이밍을 본다

부동산 투자의 결과는 공부를 제대로 하기 전이라면 대부분 운에 의해 결정된다. 그리고 그 운은 대개 개개인의 생애주기에 따라 결정된다.

서울 아파트 매매 가격 지수

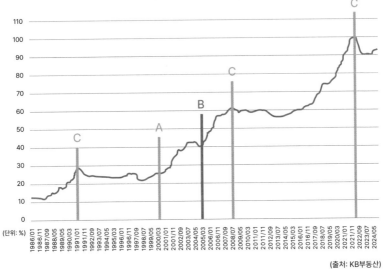

(출처: KB부동산)

통상적으로 집을 구하는 시기는 부모로부터 독립한 이후다. 집과 거리가 먼 대학에 입학할 경우, 기숙사에 거주하거나 월세나 전세를 선택하는 경우가 대부분이다. 그리고 직장을 다니고 결혼을 준비하면서 최초로 자산 매입을 고민한다.

나는 2000년(A 시기)에 결혼을 했다. 생애주기나 부동산 사이클로 보더라도 집을 매수했어야 하는 시기였다. 집을 살 때 주택담보대출을 최대한 받았다고 하더라도 이자를 내면서 발생하는 손실보다 자산이 오르는 이익이 월등히 컸기 때문에 부동산

자산을 사는 것이 현명한 선택이었다. 하지만, 나는 결혼을 하면서 전세를 선택했다. 이때의 선택으로 나는 자산 경쟁에서 한참 뒤로 밀릴 수밖에 없었다.

전세를 선택한 이유는 크게 두 가지였다.

첫째, 나는 어릴 때부터 부모님에게 빚은 위험한 것이라고 배웠다. 대출을 많이 받는 것은 위험한 행동이기 때문에, 사회 초년 시절에는 당연히 전세로 살면서 열심히 돈을 모은 후 집을 사는 게 순리라고 생각했다. 하지만 그 생각은 완전히 잘못된 판단이었다. 내가 처음 부동산을 매입한 건 2005년(B 시기)으로, 경기도 외곽에 위치한 신축 아파트 분양권을 매수했다. 분양권 가격은 2000년 결혼 당시 강동구 한강변 신축 아파트를 살 수 있는 금액이었다. 결과적으로 생애주기로 볼 때는 운이 좋은 편이었지만, 그 전까지 대출은 위험한 것이라며 매입을 포기한 건 내게 온 운을 발로 찬 격이었다.

두 번째 이유는 사업이었다. 부동산 상승세를 타기 시작한 2000년 초반 나는 어린 나이에 사업을 시작했고, 모든 자본금을 사업에만 올인했다. 당시엔 '사업으로 돈을 많이 벌어서 현금으로 부동산을 사겠다'는 안일한 생각을 갖고 있었다. 부동산이 불안정한 사업을 지탱해줄 든든한 자산이 될 수 있다는 계산을 어린 나이에는 하지 못했다.

C 시기는 상승장이 7~8년간 계속되어 집값이 두세 배까지 오른 시기였다. 이 시기에 결혼을 하고 생애주기에 따라 집을 살 경우, 이자를 내면서 발생하는 손실이 자산이 오르는 이익보다 클 수밖에 없다. 따라서 C 시기에 받은 대출은 '나쁜 빚'이 된다.

이처럼 생애주기를 자산 선택의 기준으로 삼으면 순전히 운에 따라 그 대출이 나쁜 빚과 좋은 빚으로 결정된다. 당신의 자산을 능동적으로 운영해나가고 싶다면 생애주기가 아닌 부동산 사이클에 대한 공부를 통해 운을 스스로 만들어야 한다.

원칙 2: 상품성보다 입지를 중시한다

신축 아파트보다 구축 아파트를 더 선호하는 사람은 아마 없을 것이다. 집의 컨디션이나 환경 면에서 구축보다 신축이 월등히 좋기 때문이다. 하지만 단순히 그런 이유로 신축만을 고집하면 같은 가격의 훨씬 좋은 자산을 놓치는 실수를 저지르기 쉽다. 거주 부동산을 선택할 때는 '상품성'보다 '입지'가 무조건 우선되어야 한다.

부동산 가격 = 입지 가격 + 상품 가격

예를 들어보자. A 아파트와 B 아파트 모두 서울에 있고, 공급 면적이 동일하며 현재 시세가 10억으로 같다. A는 2014년에 입주한 아파트이고 B는 2024년에 입주한 신축 아파트라면, 당신은 어떤 단지를 선택하겠는가? 입지를 배제하고 상품성만 고려한다면 당연히 신축 아파트를 선택할 것이다. 하지만 A를 선택하는 것이 훨씬 현명하다.

이유는 위의 등식에 대입해보면 쉽게 알 수 있다.

부동산 가격: A = B
부동산 입지 가격: A > B
부동산 상품 가격: A < B

자산의 가격은 동일하고, 상품의 가격은 당연히 신축인 B가 높다. 그렇다면 자연스럽게 입지의 가격은 A가 더 높다는 결론이 나온다. 여기서 B의 가치가 더 높은 '상품성'은 시간이 지나면 감가상각이 되어 가격이 내려간다. 반면 '입지'는 시간이 지나면 지날수록 그 가치가 올라간다. 같은 가격이라면 무조건 입지의 가치가 높은 자산을 선택해야 한다.

원칙 3: 내가 아닌 남들이 원하는 자산을 선택한다

경제적 자유를 이미 얻은 사람이라면 얼마든지 원하는 곳에 원하는 집을 짓고 살아도 된다. 하지만 자산 증식을 통해 시간을 사는 게임을 하고 싶다면, '내가 살고 싶은 곳'을 기준에 두어선 안 된다. 부동산 자산을 고르는 기준은 무조건 '내'가 아닌 '남'이 되어야 한다. 여기서 남이란, 당신보다 소득이 높은 사람들이다. 다시 말해 부동산 자산을 통해 부를 이룬 사람들이 선택하는 집을 사야 한다. 시장에 유동성이 공급되면 소득이 높은 사람들이 선택하는 부동산부터 가격이 오르기 시작하고, 유동성을 흡수하는 양도 더 많기 때문이다. 자산의 증식 속도가 월등히 높아진다는 것이다.

부동산을 종류별로 구분하면 오른쪽 표와 같다. 건물은 크게 주거용과 비주거용으로 나뉘는데, 주거용 부동산 중에서 가장 투자 가치가 높은 것이 아파트다. 소득이 높은 사람들이 가장 선호하는 주거 형태가 아파트이기 때문이다. 특정 지역의 단독주택과 빌라의 가격이 많이 오를 때가 있는데, 그 역시 재건축이나 재개발을 통해 해당 부동산이 신축 아파트로 탈바꿈할 것

구분	부동산 종류	용도
토지	대지	건물을 지을 수 있는 용도의 땅
	전(밭), 답(논)	농경지
	임야	산이나 숲으로 이루어진 토지
	공장용지	공업 활동을 위한 부지
	도로, 공원	공공시설용 토지
건물	주거용	아파트, 단독주택, 빌라 등
	상업용	오피스텔, 상가, 쇼핑몰
	업무용	사무실, 오피스 빌딩
	공업용	공장, 창고
	복합용	주상복합, 오피스텔(주거+상업)
특수 부동산	공공시설	학교, 병원, 도서관
	레저시설	호텔, 리조트, 골프장
	사회 기반 시설	도로, 철도, 항만, 공항

이라는 기대감이 호재로 반영된 케이스다. 고소득자들이 자산을 증식하기 위해 가장 선호하는 매물이 아파트이기에, 아파트의 주거 형태가 싫더라도 아파트를 선택하는 것이 무조건 유리하다. 살고 싶은 집과 동네를 선택하는 것은 자산을 증식한 후에 해도 늦지 않다.

거주지와 소유지를
분리하라

많은 사람이 집을 살 때 근무하는 직장과 가까운 곳을 택하는 경향이 있다. 하루 중 가장 많은 시간을 보내는 직장까지의 출퇴근 시간을 최소화하기 위함이다. 이런 속성이 한국 사회에서 자산의 격차를 더욱 벌어지게 하는 요인이 된다.

거소 분리 사례 1

대기업에 다니는 A 씨와 B 씨는 입사 동기이고 직책 및 연봉도 같다. A 씨는 지방 도시에 발령받았고, B 씨는 강남역에 있는 회사 본사에서 근무하고 있다. A 씨는 지방 도시의 대형 신축 아파트를 샀고, B 씨는 강남역으로 출퇴근이 용이한 지하철역 인근의 중소형 구축 아파트를 샀다. A 씨는 신축 대형 아파트에 살면서 거주 만족도가 매우 높았다. 소득 대비 지역 물가가 싸다 보니 생활 만족도 또한 높았다. 지역에서 가장 비싸고 넓은 아파트에 거주하고 서울에 비해 물가가 저렴해서 생활비에 대한 부담이 적다 보니 부자가 된 것 같았다. 생활비 부담이 줄어드니 심리적 여유가 생겨 비싼 외제차를 할부로 구매했고, 1년에 한 번씩은 가족 해외여행을 다니는 행복한 시간을 보냈다. 10년 후 A 씨는 지방 근무를 마치고 본사로 발령받았고, 서울로 이사하려고 집을 알아보면서 크게 당황할 수밖에 없었다. 지방 아파트를 팔고 그동안 모은 돈을 합쳐도 25평 구축 아파트 전세조차 얻기 힘들었기 때문이다.

반면에 B 씨는 그동안 강남역과 더 가까운 역으로 계속 실거주 갈아타기를 했다. 두 사람의 연봉은 여전히 동일하지만, 자산의 차이는 비교가 안 될 정도로 벌어졌다. A 씨가 저지른 가장 큰 실수가 뭘까? 바로 거주와 소유를 분리하지 않은 것이다.

A 씨는 B 씨와 마찬가지로 강남역 본사와 출퇴근이 용이한 지하철역 근처에 아파트를 전세를 끼고 사두었어야 했다. 부동산 자산은 유동성을 최대한 먹고 자랄 수 있는 곳에 두고, 지방에서는 전세나 월세로 거주하는 편이 훨씬 유리했을 것이다. 거

거소 분리를 해야 하는 이유

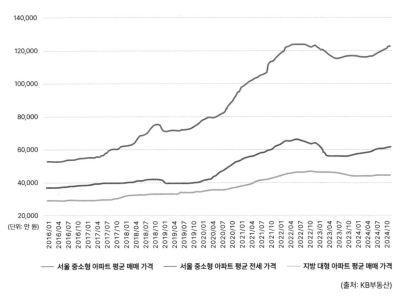

140,000

120,000

100,000

80,000

60,000

40,000

20,000
(단위: 만 원)

— 서울 중소형 아파트 평균 매매 가격　— 서울 중소형 아파트 평균 전세 가격　— 지방 대형 아파트 평균 매매 가격

(출처: KB부동산)

주 안정성을 중요시해서 직장과 가까운 수도권 외곽이나 지방에 자가를 두기를 원한다면, 보유 가치가 높은 서울권 부동산 자산을 선택한 뒤 차후에 그 선택을 해도 늦지 않다. 순서가 중요하다는 말이다.

거소 분리 사례 2

서울에서 직장 생활을 하고 정년퇴직을 한 C 씨는 강남에 아파트를 보유하고 있다. 아파트 시세는 25억 정도인데, 아직 대출금이 5억 정도 남아 있다. 대출 금리는 4%로 매달 약 170만 원의 이자가 나간다. 그는 강남 아파트를 매도하고 대출을 상환한 후 고향인 전라남도 여수시로 귀향할 계획을 갖고 있다. 여수시 웅천동에 32평 아파트를 대출 없이 5억에 매매하고, 남는 돈은 은행에 넣어두고 이자 수익을 받으면서 살 예정이다.

은행에 넣어두는 돈의 규모가 크기 때문에 이자 수익도 상당할 수 있다. 하지만, 그가 강남 아파트를 매도하고 여수시에 아파트를 매수하는 것이 과연 현명한 선택일까? 차라리 강남아파트를 전세로 주고 여수시 웅천동 32평 아파트에 거주하는 편이 훨씬 유리한 현금 흐름을 가져가는 길이다. 예를 들어 강남에 보유한 아파트의 전세가율이 60%이고 전세를 15억에 줬다면, 5억은 대출을 상환하고 10억이라는 돈이 남으므로 선택의 폭이 매우 넓어진다. 10억으로 서울에 투자할 부동산 자산을 추가할 수도 있고, 추가 매매를 원치 않는다면 최소한 은행에 넣어두고 이자수익을 얻을 수 있다. 거주 안정성을 위해 웅천동 32평 아파트를 매수할 수도 있으며, 해당 아파트에 전세나 월세로 거주하는 선택을 할 수도 있다. 여러 선택에 따른 결과값은 다르다. 모든 선택에 대해 하나하나 분석하기는 어렵지만, 투자 성향에 따라 판단하면 될 것이다.

여기서는 웅천동 32평 아파트에 전세 3억 원을 주고 거주하는 경우만 자세히 짚어보겠다.

① 강남 아파트의 희소성은 시간이 갈수록 높아지기 때문에 부동산 자산의 증식 속도가 빠르다. 자산의 가치가 높으므로 종부세 및 재산세에 대한 부담은 있다.

② 대출액 5억을 상환함에 따라 매달 내는 이자 170만 원을 아낄 수 있다. 전세 보증금 15억에서 대출 5억을 상환하고 남는 돈은 10억이다. 이 중 3억을 전세 보증금으로 사용하면 7억이 남는다.

③ 전세 보증금 15억이 전월세상한제(집주인이 세입자와 재계약 때 전월세 인상률을 일정 수준으로 제한하는 제도)에 맞춰 보수적으로 5%씩만 오른다고 가정해보면, 2년마다 7500만 원의 현금 흐름이 발생한다. 월로 환산하면 3,125,000원이 된다.

④ 남는 돈 7억을 가지고 공격적으로 투자를 해서 돈을 불릴 수도 있지만, 은퇴 후 근로소득이 없다고 가정한다면 7억을 금리가 높은 금융권에 넣어둘 수도 있을 것이다. 그에 따른 안정적 이자 소득 또한 발생한다.

어떤가? 당신이 은퇴 후에 고향으로 돌아가는 선택을 할 때, 거주와 소유를 분리하는 선택만으로도 꽤 많은 플러스 현금 흐름을 발생시킬 수 있다. 강남 아파트의 장기 우상향으로 인한 자산 증가는 고려하지도 않았다.

만일 당신이 경기도나 인천 외곽 혹은 지방에 거주하고 있고 직장도 그곳에 있다면, 거주와 소유를 무조건 분리하라고 권하고 싶다. 이 선택 하나만으로 당신의 자산에 숨통이 트이는 경험을 하게 될 것이다.

거소 분리 전략을 쓸 때 가장 유리한 경우는 연봉이 높은 직장에 다니면서 거주 비용(월세와 전세)이 저렴한 곳에 사는 것이다. 이 경우 얼마든지 당신의 취향대로 거주할 집을 골라도 좋다. 다만 소유할 부동산 자산은 양질의 일자리가 많은 서울, 수도권에 두어야 한다. 그리고 점진적으로 주요 대기업의 본사가 밀집한 업무지구나 서울 접근성이 뛰어난 지역으로 옮겨가며, 미래 수요가 확실한 곳에 자산을 두는 전략을 추천한다.

레버리지로
부의 격차를 줄여라

대부분의 사람은 자신이 태어나고 학창 시절을 보냈던 익숙한 지역에 부동산을 매입한다. 부모님이 잡은 터전 근처에 실 거주 집을 매입한다거나, 자신이 다니고 있는 직장과 출퇴근 접근성이 좋은 곳에 집을 사려고 한다. 이런 선택은 자산을 증식시키는 데 상당한 방해 요소가 된다. **부동산 자산만큼은 당신의 생애주기, 익숙한 동네와 철저히 분리하여 선택해야 한다.**

연 소득이 높을수록 아파트 주택담보대출을 더 받을 수 있고 대출 상환 능력도 높기 때문에 더 나은 입지의 주거 환경을 선택할 수 있다. 물이 위에서 아래로 흐르는 것처럼 사람들은 가격이 싼 곳에서 비싼 곳으로 거주지를 옮기고 싶어 한다. 즉, 수

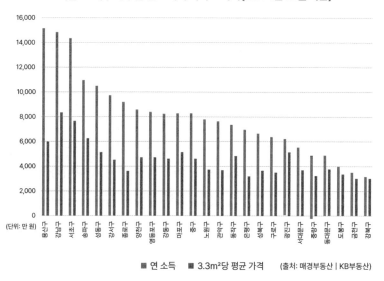

서울 25개구 가구별 연 소득과 아파트 가격(2024년 12월 기준)

(단위: 만 원)

■ 연 소득   ■ 3.3m²당 평균 가격   (출처: 매경부동산 | KB부동산)

요의 방향성이 정해져 있다는 말이다.

서울 25개구의 3.3 m^2당 아파트 평당 가격을 기록한 차트를 보면, 강남구, 서초구, 송파구, 성동구와 같이 연 소득과 아파트 가격이 순위권에 드는 지역들이 있다. 용산구의 경우 현재는 평당 가격 순위가 밀리지만, 노후된 지역들이 재건축, 재개발 되어 아파트 단지로 변모하면 순위가 빠르게 올라갈 지역이다. 반면에 강북구, 금천구, 도봉구와 같은 지역은 소득과 부동산 자산 가격 모두 낮은 수준을 보이고 있다. 이 격차는 점점 더 벌어질 수밖에 없다.

자본주의사회에서 부의 격차가 벌어지는 가장 큰 원인 두 가지는 소득과 자산이다. 소득과 자산이 앞의 차트에 모두 담겨 있다. 서울에서 소득 수준이 가장 낮은 강북구의 경우 연 소득이 3200만 원을 조금 넘어선다. 경제활동을 하기 위해서는 기본적으로 소비하는 비용이 필요하다. 아무리 아낀다고 하더라도 모을 수 있는 돈에는 한계가 있다. 소득이 가장 높은 용산구의 경우 평균 연봉이 1억 5000만 원 남짓으로 강북구의 거의 다섯 배다. 소득으로 모을 수 있는 돈에서도 벌써 차이가 나기 시작한다. 부동산 평균 가격은 강남구와 강북구가 약 2.7배 차이 난다. 강남구에 집을 갖고 거주하는 사람과 강북구에 집을 갖고 거주하는 사람은 숨만 쉬어도 하루하루 집값의 격차가 소득과 자산의 격차만큼 벌어지고 있는 셈이다.

그렇다면 어떻게 소득과 자산의 격차를 줄여나갈 수 있을까? 이 책의 2단계에서 소득을 높이는 방법에 대해서 언급했다. 이번에는 자산을 키우는 방법에 대해서 말하려고 한다. 소득으로 벌어진 격차를 좁힐 수 있는 유일한 방법은 자산뿐이다.

레버리지 활용은 필수다

레버리지란 빚을 내서 투자 수익을 극대화하는 전략을 말한다. 무거운 돌을 옮길 때 오직 힘으로만 옮기려고 하면 한계가 있지만 지렛대를 활용하면 감당할 수 있는 무게의 범위가 훨씬 커진다. 레버리지도 마찬가지 원리다. 헤라클레스와 같은 초인적인 능력을 가진 일부 재력가는 큰돈을 레버리지 없이 쓸 수 있지만, 보통의 사람들은 다르다. 평범한 힘을 갖고 태어났다고 해서 평생 큰 돌을 들어볼 꿈도 꾸지 말아야 한다면 인생이 너무 억울하고 불공정하지 않은가. 다행스럽게도 자본주의는 레버리지를 활용할 기회를 누구에게나 공평하게 제공한다. 단, 지렛대를 이용해서 감당하기 버거운 무거운 돌을 들다가 지렛대가 부러지거나, 너무 높이 들어 올려서 무거운 돌이 굴러 크게 다칠 수 있다는 것을 명심해야 한다. 자산가가 되는 것은 그렇게 호락호락하지 않다. 탐이 나는 것은 언제나 독을 품고 있으므로 치밀한 공부는 필수다.

레버리지는 위험하니 인생의 선택지에서 아예 지워버리겠다는 사람이 많다. 빚은 위험하다는 인식 때문에 저축만으로 자산을 꾸려가는 것이다. 자본주의사회에서는 수많은 사람과 기업이 레버리지로 큰돈을 벌기도, 크게 실패를 하기도 했다. 즉, 레버리지는 성공과 실패의 가능성을 모두 가진 양날의 검이다. 이를 활용하고 안 하고는 개인의 선택이지만, 무조건 '선택하면 위험하고 선택하지 않으면 안전하다'는 이분법적인 사고를 갖는 건 곤란하다. 레버리지를 활용하지 않으면 레버리지로 인한 실패를 방지할 수는 있지만, 동시에 돈과 물가의 쓰나미에 깔려 매몰될 위험에 노출된다. 레버리지를 잘 활용하면 상류층에 오를 기회를 얻을 수 있고, 활용하지 않으면 무조건 아래로 휩쓸린다면 어떤 선택을 해야겠는가? 안전지대를 벗어날 용기를 내겠는가, 지속적인 결핍과의 싸움을 택하겠는가?

사적 레버리지:
시세 차익형 vs 월세 수익형

당신은 레버리지를 당하고 있는가, 아니면 활용하고 있는가? 자본주의적 사고가 깨어 있어야만 레버리지를 당하지 않고 살아남을 수 있는 세상이다. 자신은 레버리지를 이용하고 있다고 생각하는데 실상은 당하고 있는 경우가 많다.

'사적 레버리지'는 내가 만든 용어로, 전세가 대표적인 예다.

서울의 자가 거주 비율은 43.5%이고, 월세와 전세에 거주하는 비율은 각각 28.1%, 25.7%이다. 월세 거주 비중은 계속 상승하는 추세로 전세를 넘어섰다. 앞으로 월세 비중은 더욱 증가할 것으로 보인다.

서울시 가구별 주택 점유 형태

점유 형태	비율(%)
자가	43.5
월세	28.1
전세	25.7
무상	2.5
사글세	0.2

전세가 사적 레버리지의 대표적 예라고 한 이유는 전세 보증금이 월세 보증금보다 훨씬 높기 때문이다. 이는 레버리지를 활용하기에 월세보다 전세가 유리하다는 뜻이 된다. 그래서 전세는 시세 차익형 투자에 적합하고, 월세는 현금 흐름을 중요하게 생각하는 월세 수익형 투자에 적합하다. 자본 게임을 처음 시작하는 입장이라면 전세 레버리지를 먼저 선택하는 것이 훨씬 유리하다.

우선 전세 레버리지에 대해 간단하게 알아보겠다.

은행으로부터 전세자금대출을 받아서 전세로 거주할 경우, 전세 임차인은 은행과 임대인 모두에게 레버리지를 당한다. 전

전세와 레버리지

은행		임차인		임대인
	이자 →		거주권 ←	
	← 대출		전세 보증금 →	

세 보증금 5억인 집을 2억의 자본금과 이자율 4%의 은행 대출금 3억으로 계약했다면, 3억의 사용료로 매달 100만 원의 이자를 은행에 갚아야 한다. 실제 자본금보다 3억만큼 더 좋은 집에 거주하는 비용으로 매달 100만 원을 지불하는 것이다. 이 경우 은행과의 일대일 게임의 승자는 은행이 된다. 은행은 당신을 포함해 수많은 대출을 일으키면서 1 대 다수의 게임을 하고 있다. 은행 대출 덕분에 더 좋은 환경에서 거주한다는 마음의 위안은 가질 수는 있지만, 자본 게임에서 레버리지를 '당하는' 입장이라는 것은 명백한 사실이다. 자본주의는 항상 레버리지를 하는 쪽이 레버리지를 당하는 쪽에게 위안의 마약 사탕을 건네며 움직인다.

그런데, 전세 보증금은 계약이 종료되면 금액 그대로 돌려받으니까 임차인과 임대인의 일대일 게임에서는 임차인의 승리라고 생각하는 사람들이 의외로 많다. 정말 그럴까?

임대인의 입장에서 살펴보자. 임대인은 부동산 자산을 보유하면서 취득세를 냈고, 재산세, 종합부동산세와 같은 보유세를 내면서 그 집을 전세로 주었다. 임차인과 계약할 때 부동산에 중개수수료도 지불해야 한다. 보일러가 고장 나면 수리를 하거나 교체하는 비용과 같은 유지 관리비도 사용자인 임차인이 아니라 집주인이 지불한다. 이와 같은 비용들을 모두 감내하면서 임대인이 무상으로 전세를 주는 이유는 무엇일까?

임대인은 계약 기간 동안 임차인으로부터 5억이라는 돈을 이자 없이 대출받는 것과 같다. 연 4%의 이자율로 계산하면 월 약 167만 원의 돈을 아끼는 셈이다. 전세 계약 기간이 2년이라면 임대인은 4000만 원의 이자를 지불하지 않는다. 대신에 임차인은 무상으로 거주하는 것이니, 임차인과 임대인은 2년간 4000만 원의 돈을 사용료와 이자로 교환하는 셈이다.

여기서 임차인들이 주로 간과하는 한 가지가 있다. 임대인은 5억이라는 돈을 자본주의 게임 머니로 활용한다는 것이다. 즉 5억이라는 자본금으로 2년간 임대를 주면서 발생하는 비용보다 더 높은 수익을 얻는 게임을 하면 임대인에게 유리하고, 그렇지 않으면 임차인에게 유리한 게임이 된다. 이때 안전하게 수익을 얻으려면 부동산 사이클에 대한 공부를 해야 하고, 리스크를 예측하고 대응하는 방법 또한 배워야 한다. 이 준비가 되어 있다면 전세제도는 절대적으로 임대인에게 유리한 시스템이 된다. 임차인은 은행으로부터 대출을 받고 이자를 지불하면서 은행의 자본 게임에 도움을 주고, 본인의 자본금에 은행 대출금을 합해서 집주인의 게임 머니를 보태준다. 이것이 전세의 본질이다.

사적 레버리지 사례

라이프 코칭에서 만난 30대 중반 직장인 K 씨는 대구가 고향이다. 고등학교까지 대구에서 지내다가 대학 진학 때문에 서울로 거주지를 옮기게 되었다. 졸업 후 취업한 곳은 강남에 위치한 은행이었다. 하루 대부분의 시간을 강남에서 보내다 보니, 자연스럽게 직장과 가까운 곳에 집을 사야겠다는 생각이 들었다. 결혼할 나이가 점점 가까워오면서 그는 부모님의 조언대로 결혼 전에 미리 집을 매매해두기로 결심했고, 부모님이 증여한 5000만 원에 일해서 모은 돈 3000만 원, 신용대출 2000만 원을 더해 총 1억으로 대치동의 17평 아파트를 매수했다. 당시 매매 가격이 4억 5000만 원, 전세 가격이 3억 5000만 원으로 매매가와 전세가의 갭이 딱 1억이던 시기였다.

운 좋게도 그가 강남 아파트를 매수한 시기는 2015년이었고, 이후 집값은 14억까지 올랐다. 자본주의는 자본이 세상을 움직이는 시스템이다. 일찌감치 자신이 투자할 수 있는 돈과 레버리지를 활용한 덕분에 그는 28세의 젊은 나이에 자본의 막강한 힘을 거머쥐었다. 사적 레버리지와 공적 레버리지를 모두 활용해서 자기 돈 3000만 원으로 4억 5000만 원의 부동산 자산을 매입하고 약 5년 만에 10억의 수익을 얻은 것이다.

이 경우에는 매매 당시에 주택담보대출을 받아서 실 거주를 하는 선택도 가능하다. 3억 7000만 원을 연 이자율 4%에 받았다면, 매달 약 123만 원의 이자를 은행에 납부했을 것이다. 여기에 기존 거주하던 집의 월세 보증금으로 취등록세, 부동산 수수료, 이사비, 인테리어비 등을 충당한다고 가정하고 월세가 100만원이었다면, 약 23만 원의 추가 비용으로 실 거주를 할 수 있다.

이처럼 부동산 자산을 살 때는 실 거주를 할 경우와 전세나 월세를 줄 경우를 모두 비교 분석해서 자신에게 가장 유리한 방법을 선택할 수 있어야 한다. 부동산 사이클에 따라 유리한 선택을 할 수 있으려면 부동산과 거시경제에 대한 공부는 필수다.

직장을 다니면서 자산 상위 1%까지 올라가기 위해서는 부동산 자산의 힘이 아주 중요하다. 이때 저축한 돈으로 자본의 증

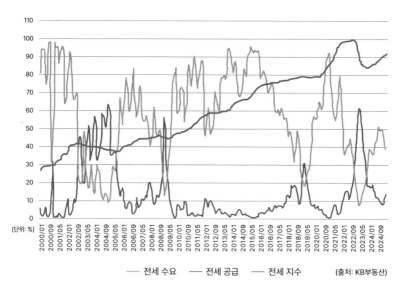

서울시 아파트 전세 심리 차트

(단위: %)

2000/01 ~ 2024/09

— 전세 수요   — 전세 공급   — 전세 지수   (출처: KB부동산)

식 속도를 따라가기는 현실적으로 어렵다. 레버리지가 선택이 아닌 필수인 이유다. K 씨는 첫 번째 시세 차익을 본 경험을 바탕으로 지금은 강남 40평대 아파트 매수를 고려하고 있다. 만약 그가 전세를 계속 고집했거나, 강남이 아닌 입지가 안 좋은 곳에 집을 샀다면 지금의 목표는 꿈도 꾸지 못했을 것이다.

전세 보증금을 레버리지로 활용해서 부동산 투자를 할 때 가장 큰 리스크는 전세 시세가 하락하는 것이다. 전세 시세는 전세 공급이 많거나 수요가 부족할 때 발생한다. 앞의 차트를 보면

2000년부터 2024년까지 총 다섯 번의 전세 시세 급하락 구간이 있었고, 이후 다시 회복하는 패턴을 보여주고 있다. 이 하락 구간에 대한 대비가 제대로 되어 있어야 리스크에 대응하며 자산을 지킬 수 있다.

전세 시세가 하락했다고 하더라도 매매 시세가 오르면서 매매 거래가 잘될 때는 매도를 통해 돈의 흐름을 원활하게 돌릴 수 있지만, 전세 시세와 매매 시세가 동시에 하락하는 시기에는 새로운 임차인을 구하지 못해 전세 보증금을 내어주고 공실이 되는 상황까지 올 수 있으니 조심해야 한다. 전세 보증금을 자본금으로 활용해서 자본 게임을 하는 것은 임대인의 선택이지만, 자금 관리를 하지 못해 만기 시 임차인에서 보증금을 내어주지 못하는 최악의 사태만큼은 확실히 대비하고 있어야 한다.

공적 레버리지:
은행을 이기는 게임의 법칙

공적 레버리지의 사례

공적 레버리지는 크게 두 가지로 나뉜다. 자신이 직접 사용 및 거주할 목적으로 은행에서 대출을 받는 경우와, 타인에게 임대를 줄 목적으로 대출받는 경우다. 각각에 대해서 자세히 살펴보겠다.

① 직접 사용 및 거주 목적

많은 사람이 거주 목적으로 은행에서 대출을 받아서 주거용 부동산 자산을 산다. 이때 극소수의 현금 부자들은 대출 없이 현

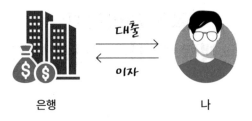

은행　　　　　　　　　나

금으로만 우량자산을 매입하기도 하지만, 대부분은 주택담보대출을 레버리지 해서 부동산 자산을 구매한다. 그리고 돈을 빌린 것에 대한 대가로 은행에 이자를 지급한다. 매입한 부동산에서 거주를 하거나 별도의 목적으로 사용할 경우 안정성을 주는 역할을 한다. 동시에 주거 또는 사용을 하는 동안 자산은 증식해야 한다. 이 두 가지를 충족할 수 있는 부동산 자산을 사야 한다.

　이때 대출금 상환액이 가계소득의 40%를 넘어서면 대출 이자와 원금을 상환하는 데 큰 부담이 될 것이다. 변동 금리로 계약을 해서 금리가 오르면 가계 재정에 적자가 날 수도 있다. 보통 금리가 단기간에 오르는 이유는 소비자물가상승률이 높아졌기 때문인데, 그 말은 부동산 가격 또한 많이 올라 있다는 것을 의미한다. 즉 고평가된 아파트를 무리한 대출을 받아 매입할 경우, 금리 인상과 부동산 하락기가 동시에 닥쳤을 때 시장에서 거래가 되지 않아 급매나 경매로 집을 손해 보고 처분해야 할 위기에 놓일 수 있다. 이렇듯 자산 매입에 신중해야 할 시기에 충분한 공부 없이 무리한 대출로 집을 매매할 경우, 위기 상황에 자산을 잃을 수도 있다는 것을 명심하자. 대출 레버리지를 이용할 때 가장 중요한 문제는 '시기의 안전성'을 따지는 것이다.

② 임대 수익 목적

자영업이나 사업을 운영하면 직접 부동산을 소유하는 경우와 임차를 하는 경우로 나뉜다. 이때 둘 중 하나를 선택할 수 있다면 상업용 부동산의 시세 상승 가치를 가장 중점적으로 파악해야 한다. 만약 시세가 장기적으로 오를 수 있는 입지라고 판단된다면, 은행 대출에 따른 이자비용과 임대인에게 줘야 하는 월세를 상호 비교해서 판단하도록 한다. 이 두 개의 비용이 비슷하다면, 레버리지를 통해 부동산을 소유하는 편이 유리하다.

은행   ←이자   나   월세→   임대인

만약 당신이 대출 레버리지를 활용해 주거용 혹은 상업용 부동산을 구입하고 임대를 주게 된다면 이 말을 꼭 떠올리기 바란다.

'나는 반드시 은행을 이기는 게임을 한다.'

수익률 시소

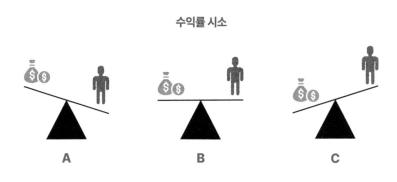

A는 은행보다 더 높은 수익을 통해 내가 이기는 게임이다. B는 은행과 나의 수익이 같고, C는 은행의 수익이 나보다 더 높으므로 은행이 이기는 게임이다.

당신이 은행 대출을 활용해서 부동산 자산을 사고, 그 부동산에서 현금 흐름이라는 자생소득을 통해 당신의 시간을 사고 싶다면 이 내용을 꼭 숙지하고 자본 게임에 적용하자.

예를 들어 당신이 10억에 부동산을 매입해서 임차인에게 보증금 5000만 원, 월 400만 원에 임대를 주었다고 가정해보자. 월세의 기본 수익률은 얼마가 될까?

$$월세\ 수익률(\%) = \left(\frac{월세\ 수입 \times 12}{매입\ 가격 - 보증금} \right) \times 100$$

매입 가격은 부동산 자산을 매입할 때 들어간 모든 비용을 뜻하고, 부동산 가격에는 부동산 중개수수료, 취득세 등이 모두 포함된다. 월세 수입에 12를 곱한 것은, 1년간 월세 수입의 총합을 넣기 위함이다. 여기서 산출된 월세 기본 수익률은 당신의 투자금 대비 수익금의 비중을 뜻한다.

매입 가격 10억, 월세 보증금 5000만 원, 월세 수입 400만 원을 공식에 대입하면 아래의 수익률이 나온다.

$$\left(\frac{400만\ 원 \times 12}{10억 - 5000만\ 원} \right) \times 100 = 5.1\%$$

기본적으로 월세 기본 수익률이 5%를 넘어가면 매우 좋은 수준에 속한다. 이 수익률은 시세 상승 가능성이 높은 입지일수록 낮고, 그 반대일수록 높다. 시세 차익 목적인지, 월세 현금 흐름 목적인지는 각자의 상황에 맞게 판단하면 된다. 일단 기준점을 5%로 두자.

다음으로 금리 3% 은행 대출을 레버리지로 활용할 경우 월세 수익률이 어떻게 달라지는지 살펴보자. 이때, 월세 보증금과 월세를 고정된 변수로 본다면, 수익률이 변화되는 변수는 대출 금액과 이자율이다. 은행 대출 금리가 3%일 때는 수익률에서 은행보다 당신이 더 높은 수익률을 가져가는 게임을 할 수 있다. 이때 대출 레버리지를 높일수록 당신의 수익률은 더욱 높아진다. 매입 가격의 80%인 8억을 대출받을 경우, 실제 투자금은 1억 5000만 원인데, 월세를 받아 이자를 주고 남는 금액은 월 200만 원이다. 대출을 받지 않고 현금만으로 자본 게임을 할 때는 9억 5000만 원을 넣어서 월 400만 원의 수익이 났는데, 은행

월세 기본 수익률 5.1%, 대출 금리 3%일 때 수익률

대출 금액	실 투자금	월 단위			1년 단위			수익률(%)	
		월세	이자	월세 - 이자	월세	이자	월세 - 이자	은행	나
100,000,000	850,000,000	4,000,000	250,000	3,750,000	48,000,000	3,000,000	45,000,000	3.0	5.3
200,000,000	750,000,000	4,000,000	500,000	3,500,000	48,000,000	6,000,000	42,000,000	3.0	5.6
300,000,000	650,000,000	4,000,000	750,000	3,250,000	48,000,000	9,000,000	39,000,000	3.0	6.0
400,000,000	550,000,000	4,000,000	1,000,000	3,000,000	48,000,000	12,000,000	36,000,000	3.0	6.5
500,000,000	450,000,000	4,000,000	1,250,000	2,750,000	48,000,000	15,000,000	33,000,000	3.0	7.3
600,000,000	350,000,000	4,000,000	1,500,000	2,500,000	48,000,000	18,000,000	30,000,000	3.0	8.6
700,000,000	250,000,000	4,000,000	1,750,000	2,250,000	48,000,000	21,000,000	27,000,000	3.0	10.8
800,000,000	150,000,000	4,000,000	2,000,000	2,000,000	48,000,000	24,000,000	24,000,000	3.0	16.0

(단위: 원)

대출 레버리지를 활용하니 1억 5000만 원의 실 투자금으로 월 200만원이 남는다. 그렇다면, 80% 대출을 활용할 경우 동일한 부동산 자산을 두 개 사면 3억의 투자금으로 월 400만 원의 수익을 얻는다는 계산이 나온다. 이것이 레버리지의 마법이다.

그럼 같은 상황에서 은행 대출 금리가 6%로 올라가면 수익률 게임의 결과는 어떻게 바뀔까?

레버리지를 활용하는 목적은 월세 기본 수익률보다 더 높은 수익률을 기대하기 때문이다. 그런데, 금리가 6%로 올라가면, 대출 금액이 높아질수록 수익률은 오히려 낮아진다. 대출을 80%로 받은 상태에서 대출 금리가 두 배로 오르면 월세 400만

월세 기본 수익률 5.1%, 대출 금리 6%일 때 수익률

대출 금액	실 투자금	월 단위			1년 단위			수익률 (%)	
		월세	이자	월세 - 이자	월세	이자	월세 - 이자	은행	나
100,000,000	850,000,000	4,000,000	500,000	3,500,000	48,000,000	6,000,000	42,000,000	6.0	4.9
200,000,000	750,000,000	4,000,000	1,000,000	3,000,000	48,000,000	12,000,000	36,000,000	6.0	4.8
300,000,000	650,000,000	4,000,000	1,150,000	2,500,000	48,000,000	18,000,000	30,000,000	6.0	4.6
400,000,000	550,000,000	4,000,000	2,000,000	2,000,000	48,000,000	24,000,000	24,000,000	6.0	4.4
500,000,000	450,000,000	4,000,000	2,500,000	1,500,000	48,000,000	30,000,000	18,000,000	6.0	4.0
600,000,000	350,000,000	4,000,000	3,000,000	1,000,000	48,000,000	36,000,000	12,000,000	6.0	3.4
700,000,000	250,000,000	4,000,000	3,500,000	500,000	48,000,000	42,000,000	6,000,000	6.0	2.4
800,000,000	150,000,000	4,000,000	4,000,000	0	48,000,000	48,000,000	0	6.0	0

(단위: 원)

원을 받아 은행 이자 400만 원을 주고 나면 남는 것이 없다. 부동산 자산의 시세 차익이라도 기대할 수 있다면 다행이지만, 그렇지 않다면 은행 좋은 일만 시켜주는 격이 된다.

따라서 3%의 변동 금리로 대출을 받고 금리가 큰 폭으로 상승한다면 적극적으로 대출금을 상환하면서 수익률의 밸런스를 나에게 유리하게 만들어야 한다. 최소한, 나와 은행의 수익률 밸런스가 균형을 이루도록 계속 대응해나가야 한다. 이것이 신용 수축의 시기에 대처하는 가장 현명한 대응 자세이며, 이는 대출 레버리지를 똑똑하게 관리하는 핵심 원칙이기도 하다.

앞에서 다룬 표는 월세 기본 수익률이 5.1%일 때의 상황이

월세 기본 수익률 3.1%, 대출 금리 3%일 때 수익률

대출 금액	실 투자금	월 단위			1년 단위			수익률 (%)	
		월세	이자	월세 - 이자	월세	이자	월세 - 이자	은행	나
100,000,000	850,000,000	2,500,000	250,000	2,250,000	30,000,000	3,000,000	27,000,000	3.0	3.2
200,000,000	750,000,000	2,500,000	500,000	2,000,000	30,000,000	6,000,000	24,000,000	3.0	3.2
300,000,000	650,000,000	2,500,000	750,000	1,750,000	30,000,000	9,000,000	21,000,000	3.0	3.2
400,000,000	550,000,000	2,500,000	1,000,000	1,500,000	30,000,000	12,000,000	18,000,000	3.0	3.3
500,000,000	450,000,000	2,500,000	1,250,000	1,250,000	30,000,000	15,000,000	15,000,000	3.0	3.3
600,000,000	350,000,000	2,500,000	1,500,000	1,000,000	30,000,000	18,000,000	12,000,000	3.0	3.4
700,000,000	250,000,000	2,500,000	1,750,000	750,000	30,000,000	21,000,000	9,000,000	3.0	3.6
800,000,000	150,000,000	2,500,000	2,000,000	500,000	30,000,000	24,000,000	6,000,000	3.0	4.0

(단위: 원)

었다. 만약 모든 항목이 동일한 조건에서 월세가 250만 원이면, 월세 기본 수익률이 3.1%로 낮아진다. 이 경우는 대출 금리가 3%로 낮아도 수익률은 높지 않고, 은행과의 게임에서 거의 균형을 이루는 모습을 보여준다.

만약 이 상황에 대출 금리가 6%로 올라가면 어떻게 될까? 끔찍한 결과가 나온다. 이때 대출 레버리지를 극대화해서 80%를 받는다면, 매달 250만 원의 월세를 받아서 은행에 400만 원의 이자를 지불해야 한다. 다른 비용을 고려하지 않더라도 매달 150만 원 적자다.

정리하면, 공적 레버리지인 은행 대출을 레버리지로 활용할

월세 기본 수익률 3.1%, 대출 금리 6%일 때 수익률

대출 금액	실 투자금	월 단위			1년 단위			수익률 (%)	
		월세	이자	월세 - 이자	월세	이자	월세 - 이자	은행	나
100,000,000	850,000,000	2,500,000	500,000	2,000,000	30,000,000	6,000,000	24,000,000	6.0	2.8
200,000,000	750,000,000	2,500,000	1,000,000	1,500,000	30,000,000	12,000,000	18,000,000	6.0	2.4
300,000,000	650,000,000	2,500,000	1,150,000	1,000,000	30,000,000	12,000,000	12,000,000	6.0	1.8
400,000,000	550,000,000	2,500,000	2,000,000	500,000	30,000,000	24,000,000	6,000,000	6.0	1.1
500,000,000	450,000,000	2,500,000	2,500,000	0	30,000,000	30,000,000	0	6.0	0
600,000,000	350,000,000	2,500,000	3,000,000	-500,000	30,000,000	36,000,000	-6,000,000	6.0	-1.7
700,000,000	250,000,000	2,500,000	3,500,000	-1,000,000	30,000,000	42,000,000	-12,000,000	6.0	-4.8
800,000,000	150,000,000	2,500,000	4,000,000	-1,500,000	30,000,000	48,000,000	-18,000,000	6.0	-12.0

(단위: 원)

때는 월세 기본 수익률과 대출 금리를 고려하여 대출액을 산정해야 한다. 또한 대출 금리가 올라가서 은행 수익률보다 내 수익률이 낮아질 경우 대출액을 상환하면서 게임의 판도를 최대한 나에게 유리한 방향으로 맞춰야 한다. 그리고 이후 다시 금리 인하 시기가 오면 그때는 대출 레버리지의 비율을 올리는 식으로 유연하게 조정해나갈 수 있다.

사업과 자산의
밸런스를 맞춰라

투자 강의를 하며 만난 수많은 3040 직장인이 '임대 사업자'라는 꿈을 이야기한다. 퇴직 후 부동산을 통한 월세, 자본이익으로 안정적인 노후를 보내고 싶다는 것이다. 요즘은 초등학생들까지 꿈으로 '건물주'를 말한다고 하니, 세대를 막론하고 많은 사람이 임대 사업자라는 공통된 꿈을 꾸는 것 같다.

그런데 나는 부동산이나 주식을 통해 자생소득을 만들고 유지·관리하는 과정을 '일'로 여기지 않는다. 내가 이렇게 투자와 일을 철저히 분리하는 이유는, 투자를 통해 시간당 노동 수당이 높아지는 경험을 하면 사람이 본능적으로 나태해지기 때문이다. 이런 삶은 자연히 행복과 멀어진다고 나는 생각한다. 당신이 더 가치 있는 일을 하며 살고 싶다면, 수동적 소득의 파이를 키워 능동적 일을 하면서 살기를 바란다.

인간은 능동적 소득active income을 시도하면서 사람들에게 도움 되고 사회적 가치를 높이고 있다고 생각될 때 인생의 보람과 행복을 느낀다. 그러니 혹시라도 일하지 않는 삶을 추구하고 있다면 다시 생각해보기 바란다. 직장을 다니면서 부동산이나 주식 투자로 성공적인 현금 흐름을 만들었다 해도, **그 현금 흐름은 당신이 하고 싶은 일을 하게 해주는 조력자 역할을 하는 것일 뿐, 당신이 할 '일'이 아니다.** 월세와 배당 수익으로 통장에 돈이 충분히 있어도, 당신은 분명 '오늘 무슨 일을 하면서 보낼까'를 고민하며 하루하루를 보낼 것이다.

사업으로 번 돈 전부를 사업에 재투자하지 마라

사람들은 사업과 투자의 영역을 별개로 보는 경향이 있다. 사업으로 돈을 벌어본 경험이 있는 사람은 계속 사업을 확장하는 데 자본금을 집어넣고, 투자로 돈을 벌어본 사람은 투자에만 돈을 집어넣으려고 한다.

나는 2000년 초반에 테헤란로에서 IT 업체들의 제품을 해외에 판매하는 일을 했다. 당시 사업으로 번 돈을 보태 부동산

자산을 샀다면 경제적 자유에 도달하는 기한이 훨씬 단축되었을 것이다. 2000년은 서울 부동산 상승장의 초반이었고, 이후 2008년까지 2.5배에서 세 배 가까이 부동산 자산 가격이 올랐다. 코스피 지수 역시 같은 기간에 세 배 이상 상승했다. 당시 나는 그때가 자산 시장의 팽창기라는 것을 전혀 인지하지 못했다. 신사동 사거리 지하 소호사무실에서 월세가 열 배 비싼 테헤란로로 옮기기 바빴다. 만일 지금 그때로 돌아간다면, 사무실을 확장하기 위해 대출을 받을 것이 아니라 부동산이나 주식과 같은 자산을 샀을 것이다. 당시 내 곁엔 어떤 선택을 하는 것이 안전하고 더 유리한지 알려주는 사람이 없었다. 지금 이 책을 읽는 독자들은 나와 같은 시행착오를 겪지 않길 바란다.

당신이 퍼스널 브랜딩이 잘되어 있거나 사업적 역량이 압도적으로 뛰어난 소수에 속하지 않는다면, 더더욱 적극적으로 든든한 자산의 도움을 받아야 한다. 사업과 자산의 밸런싱이 가장 완벽하고 안전한 방법임을 잊지 말자. 혹시 사업이 실패하더라도 다시 재기할 수 있는 가능성을 만들어주는 것이 바로 자산이기 때문이다. 위험 노출이 훨씬 심한 사업을 자산이 받쳐주는 게임을 해야 한다.

자영업으로 성공해서 돈을 버는 경우 대부분의 사람은 자산을 사는 선택을 먼저 하기보다 2호점, 3호점으로 매장을 확장한다. 그리고 여기에 받을 수 있는 모든 대출을 동원한다. 1호점이 잘되었으니 2호점, 3호점도 잘될 거라는 희망 회로를 돌리면서 말이다. 서비스 업종뿐 아니라 제조업체를 운영하는 중소기업 대표들 중에도 노후를 걱정할 정도로 불안한 재무 상태에 놓인 분이 많다. 대부분 '나쁜 대출'을 계속해서 쌓아 올린 사업 구조가 원인이다.

이렇게 쌓아 올린 사업 확장은 불안한 구조일 수밖에 없다. 사업을 하다 보면 예기치 못한 위기에 쉽게 노출되기 때문이다. 오리고기 매장을 오픈했다가 조류 독감이 오는 식의 환경적 위기가 발생할 수 있거니와, 장사가 잘되면 십중팔구 경쟁 브랜드가 생겨난다. 결국 100% '매출 나눠 먹기 치킨 게임'에 노출될 수밖에 없다. 이러한 위기에서 수익이 빠르게 급감하고 대출로 연명하다 신용불량자로 전락하는 사람들을 많이 보았다. 이와 같은 자영업의 불안한 구조를 보완해주는 것이 바로 자산이다.

내가 수십 년째 이용하는 가게 중에 '일산칼국수'라는 식당이 있다. 개업 초창기 철길 옆 허름하고 작은 매장에서 장사할 때부터 단골이었다. 일산칼국수는 지금의 가게로 이전할 때 토지를 사서 매장을 지었다. 그들은 철저히 장기적인 안목으로 사업을 유지하는 전략을 세워갔다. 기찻길 옆에서 사람들이 길게 줄을 서서 기다리는 상황임에도 이 가게는 대출을 받아 매장 수를 늘리는 선택을 하지 않았다. 대신에 모았던 돈으로 부동산 자산을 사서 이전했다. 2층 건물인데, 2층은 손님을 받지 않고 1층만 운영한다. 고객들은 기찻길 옆 매장을 이용할 때처럼 길게 줄을 서서 기다렸다 먹는 것에 익숙하다.

이후 먼 거리에서 오는 고객들의 편의를 위해 넓은 주차 공간이 필요해지자 이들은 매장 주변에 부동산이 나오는 즉시 매입하기 시작했다. 즉, 매장을 운영해서 번 돈으로 땅을 사고 매장을 사는 선택을 했던 것이다. 그렇게 '사업소득 → 자산 매입 → 사업소득 → 자산 매입'을 무한 반복했다. 이렇게 안정적인 사업 구조를 만들어놓고, 2호점, 3호점으로 확장을 해나가면 설사 그 시도가 실패하더라도 뿌리가 흔들리는 타격이 없다. 든든한 자산 구조가 새로운 시도를 계속할 수 있는 원동력이 되는 것이다.

자본주의 게임을 잘하는 사람은 사업과 투자를 병행하는 선택을 한다. 일산칼국수집과 같이 자신이 소유한 매장에서 영업을 통한 사업소득을 얻는 구조를 이길 사람은 없다. 따라서 매장이나 사무실을 알아볼 때 임대로 나온 물건만 알아볼 것이 아니라 매물로 나온 물건도 같이 알아보길 바란다.

일 또는 투자 중에 하나만 잘하더라도 부를 이룰 수 있다. 하지만 더 큰 부자가 되고 싶고, 힘들게 일궈낸 부를 안정적으로 유지하고 싶다면 나의 조언을 흘려듣지 않길 바란다. **사업으로 번 돈으로 자산을 사고, 자산의 증식으로 사업을 확장하면서 두 개의 중심축이 서로 맞물리는 구조를 만들어야 한다.** 이렇게 상호 시너지를 내는 구조 위에서 흔들림 없는 자본가가 탄생한다. 일과 투자는 부부와 같다.

자생소득을 벌어
시간을 저축하라

자본주의 테크트리 5단계는 돈을 자본화하고 규모를 키워 원활한 돈의 흐름을 만드는 과정이다. 진정한 목적은 자본의 힘을 빌려 미래의 시간을 버는 것이다. 이 사이클이 성공적으로 반복되면 당신은 미래의 노동 시간을 살 수 있고, 마침내 시간으로부터의 자유를 얻게 된다.

테크트리를 타는 초반에는 성과도 별로 없고 이 길이 맞나 싶은 의문도 들 것이다. 하지만, 부모로부터 자유를 물려받지 않은 사람이 이 테크트리를 거치지 않고 부자가 된 경우를 나는 본 적이 없다. 그러니, 끝까지 믿고 따르길 진심으로 바란다.

영화 〈인 타임In Time〉은 자본주의 세상 속 '돈'과 '시간'의 연관성을 가장 직관적으로 보여주는 영화다. 이 영화에서는 계층별로 사는 공간이 철저히 분리되어 있다. 하위 계층이 상위 계층의 지역으로 이동하려면 톨게이트에서 철저한 인증을 통과해야 한다. 자산 피라미드 위로 올라갈수록 그들만의 폐쇄적 커뮤니티를 만들려는 한국 사회와 다를 바가 없다.

주인공이 사는 최하위 계층은 직장에서 일을 한 대가로 돈이 아닌 시간을 받는다. 시간으로 집세를 내고 생활비를 충당한다. 즉, 시간이 돈인 세상이다. 그들이 공장에서 노동을 해서 버는 시간은 딱 필요한 만큼의 생활비를 충당할 수 있을 정도만 지급된다. 그들은 아플 수도 없고, 아플 시간도 없다. 일을 하지 않으면 생명의 시계가 멈춰 죽을 수밖에 없기 때문에, 이곳에 사는 사람들은 걸어다니는 것도 사치라고 생각해서 열심히 뛰어다닌다. 자산 피라미드 아래로 갈수록 시간당 노동의 가치가 낮은 일에 종사할 확률이 높기 때문에, 소득이 낮을수록 사람들은 시간이 부족하다.

반면 상류층들의 시간은 느리게 움직인다. 절대 뛰지 않는다. 그들이 시간의 틀로부터 자유로워질 수 있었던 것은, 젊을 때부터 자본(실물자산, 금융자산, 인적 자본)이 자기 대신 일해주는 시스템을 구축하는 데 집중했기 때문이다. 그들은 그때 누구보다도 잠을 아껴가며 근면 성실하게 시간을 보냈다. 자산과 자본이 그들과 함께 '동업'하고 있기 때문에, 이 두 개가 일을 할 때 굳이 같이 뛰어다니지 않아도 되고, 때로는 게으름을 피워도 되는 것이다. 증식되는 자산은 그들의 시간을 확보해주기에, 그들의 시간도 비례해서 증식한다.

인도India는 소득이 낮은 지역일수록 자동차 클랙슨 소리가 도로를 가득 메운다. 사람들이 돈을 벌 시간이 부족해서 마음의 여유가 없기 때문이다. 당신이 열심히 뛰어다니는데도 경제적 여유를 갖지 못했다면, 우선 뛰는 것을 멈추고 원인을 파악하는 것부터 시작해야 한다. 안타깝게도 경제적으로 여유가 없는 사람일수록, 돈을 벌어 시간을 살 수 있는 방법을 배우라고 해도 '지금은 그걸 배울 돈도 시간도 없다'고 말한다. 자신의 시간을 벌어다줄 수 있는 일과 자산을 사야 남들처럼 인생을 음미하면서 일상을 늦출 수 있다.

하루 열 시간 쉬지 않고 일하고 뛰어다녀야만 열심히 사는 것이라는 '국가적 가스라이팅'에서 제발 벗어나자. 상류층은 시간당 노동의 가치를 극대화해 일반인의 한 달 치 월급을 하루에, 혹은 한 시간에 벌기도 한다. **자본주의는 '시간당 노동의 가치를 누가 빨리 키우는가'의 게임이고, 이 게임의 성적이 좋을수록 경제적 자유를 빠**

르게 얻을 수 있다. 누가 더 오래 일하고, 누가 더 근면 성실한지를 평가하는 게임이 결코 아니다.

〈인 타임〉이 우리에게 던져주는 메시지는 강렬하다. 열심히 뛰어다녀도 제자리를 유지하는 것조차 힘든 이유는 현대 자본주의 시스템 때문이 아니다. 자본주의 게임의 법칙에 평생 관심 갖지 않고 방관만 하거나, 다른 사람의 게임을 돕기만 하며 살아가기 때문이다. 하루라도 빨리 당신의 이름을 건 게임을 시작하기 바란다. '지는 게임' 안에서의 성실함은, 적어도 자본주의사회에서는 아무런 힘이 없다.

성공과 실패에 대한
복기는 필수다

자생소득을 통해 경제적 자유를 얻기 위해서는 반드시 용기와 실행의 단계를 거쳐야 한다. 단, 실행만 해서는 실력이 쌓이지 않는다. 성장하고 싶다면 '실행'과 함께 '복기'를 반복해야 한다.

성장 = 실행 + 복기

성적이 빠르게 오르는 학생과 늘 똑같은 성적을 유지하는 학생의 가장 큰 차이점이 뭘까? 성적이 오르지 않는 학생은 자신이 풀 수 있는 쉬운 문제만 계속 반복해서 풀려고 한다. 자신이 모르는 문제는 최대한 뒤로 미루어둔다. 이런 학생들은 복기의 과정을 거치지 않는다. 반면 성적이 좋은 학생은 아는 문제는 빠르게 넘기고 자신이 틀렸거나 잘 이해가 안 되는 부분에 더 집중한다. 틀린 문제는 오답 노트를 만들어 철저히 복기한다. 이런 학습 태도는 빠른 성장을 가져올 수밖에 없다.

성인이 되어 경제활동을 할 때도 마찬가지다. 직장에서 일을 잘하는 직원의 특징은 자신이 아니어도 할 수 있는 일과 그렇지 않은 일 중 '후자'에 집중한다. 이미 익숙한 일에 대해서는 자동화 시스템을 통해 시간을 아끼려고 노력한다. 그리고, 남는 시간에 익숙하지 않고 자주 실수하는 일에 집중한다. 바로 그런 일이 자신과 회사가 함께 성장하는 업무일 가능성이 매우 높다.

회사는 그렇게 성장해나가는 직원을 필요로 하고, 이런 사람은 결국 빠르게 승진해서 몸값을 올려간다. 반면, 업무에 발전이 없는 직원은 자신에게 주어진 일을 처리하는 것에만 급급하다. 그 일을 자동화하면 또 다른 일을 해야 하기 때문에 자동화에는 관심이 없고 최대한 '할 수 있는 일'을 늘리고 늘리는 데에만 집중한다.

이런 마인드를 가진 사람들이 이구동성으로 하는 말이 있다.

"나만큼 열심히 일하는 사람을 본 적이 없어."

"이 일로 내 사업을 한다면 크게 성공할 거야."

미안하지만, 그들은 사업에 성공하지 못할 뿐 아니라 자신과 같은 직원을 만나면 제일 먼저 그 사람을 해고할 것이다.

바둑 기사들은 바둑이 끝나면 복기를 하고, 게이머들도 게임이 끝나면 게임을 돌려보며 자신의 취약점을 찾는다. 사업과 투자를 하는 사람도 당연히 복기를 해야 한다. 바둑을 둘 때 옆에서 훈수를 두는 사람을 곁에 두면 실력이 늘지 않는다. 수에 대한 확신이 없더라도 스스로 고민하고 공부해서 여러 가지 수 중에 최선의 수라고 생각되는 선택을 해야 한다. 게이머들도 그 순간에 최선의 전략을 통해 상대와의 게임에서 우위를 점하는 노력을 꾸준히 해야 한다. 누구나 처음에는 최선이라고 선택했던 수가 당연히 최선이 아니었을 가능성이 높다. 만약 그것이 최고의 선택이었다면 그건 '초심자의 행운'이었을 것이다. 그 누구도 처음부터 잘하는 사람은 없다. 나 또한 선택의 순간에 그때그때의 수준에서 최선이라고 판단되는 것을 선택하지만, 그것이 최선이 아닐 수 있다는 가능성을 항상 염두에 둔다. 그리고 시간이 흘러 이 선택의 결과를 만나면 하나하나 꼼꼼하게 점검하며 '왜 그때의 선택이 최선이 아니었는지' 분석하고 정리한다.

어떤 분야든 한 분야에서 유독 특출한 사람들은 모두 철저한 복기의 과정을 거쳐 '잃을 확률'을 줄여왔다는 것을 기억하기 바란다.

바둑의 전설 이세돌 선수 역시 다음과 같이 말했다.

"승패가 갈렸다고 바둑이 끝난 게 아니죠. 패보다 더 중요한 복기가 남아 있어요. 뭘 잘못했고 뭘 배울 수 있는지를 돌아보는 건 바둑이나 인생의 실력을 늘리는 데 중요해요."

최적의 타이밍을 노리는 사람들에게

〈동물의 왕국〉을 보면 투자와 사냥이 비슷하다는 생각을 하게 된다. 사자는 먹잇감을 노릴 때 자세를 최대한 바닥으로 낮추고, 시선은 먹잇감의 움직임을 놓치지 않는다. 숨을 죽이고 미동 없이 한곳을 주시하다가, 목표물이 공격 사정권 안에 들어오면 박차고 달려 나가 상대를 순식간에 낚아챈다. 배가 고파 너무 일찍 사냥에 나서면 놓치기 십상이다. 시간이라는 기회비용을 놓쳐서는 안 된다. 사냥을 당하는 입장에서도, 시시각각 레이더를 가동하며 일촉즉발의 상황에 죽도록 도망칠 대비를 하기 때문이다. 최적의 타이밍을 잡는다는 것은 그만큼 어려운 일이다. 다만 경험치가 늘면서 사자마다 자기만의 방식을 늘려갈 뿐이다. 그 방식이 무엇이든, 중요한 건 성공률을 높이는 것이다. 결과가 중요하다는 말이다.

지금까지 나는 나만의 방식으로 투자를 해왔고, 사냥에 실패하거나 가끔 싱싱하지 못한 고기를 먹어 배탈이 날 때도 있었다. 하지만 과거에 실패한 사냥을 경험 삼아 사냥의 성공 확률을 높이고자 노력해왔다. 100%란 없다. 단지 그 확률을 점점 더 높여갈 뿐이다.

기다리는 것도 투자다. **최적의 타이밍을 잡고 싶다면 자기만의 최적의 사냥법을 익혀야 한다.** 그건 누가 알려줘서 얻는 것이 아니라 잃지 않는 투자 방법과 경험을 통해 익힐 수밖에 없다. 마냥 먹잇감을 기다리기만 하면 누구도 입에 넣어주지 않아 굶어 죽고 만다. 사자는 굶어 죽기 전에는 남이 먹다 남긴 고기를 탐하지 않는다.

THE

6단계

MAKE MONEY
WORTHWHILE

THE ONE PERCENT RULE FOR

FIRST

사회적 가치를 더하라

ASTERING MONEY AND TIME

만일 당신의 과거가 시행착오와 실패로 점철되어 있다 해도, 지나온 시간들이 무의미하다고 생각하지 마라. 당신의 경험이 다른 누군가에게는 삶의 용기가 될 수도 있다. 그 시간을 무의미한 과거로만 두지 않으려면, 세상이라는 퍼즐에 당신의 조각을 더해야 한다.

그고 근사한 조각일 필요는 없다. 세상이 원하는 것은 '오직 당신만이 만들 수 있는' 조각이다. 당신의 가치를 스스로 낮추지 마라. 세상의 중심에 서서 당신의 이야기를 널리 외쳐라. 그 진심의 퍼즐은 반드시 세상의 자기장과 연결되어, 누군가의 마음과 인생을 움직일 것이다.

만족을 모르는 사람에게
성장은 없다

현대 심리학에서는 '만족'을 내적 가치와 외적 성취가 조화를 이루는 상태라고 본다. 내적 가치에 비해 외적 성취가 낮을 때 우리는 불만족을 느낀다. 이러한 감정은 심리적 불안정을 가져오고, 자기 삶을 불행하다고 느끼게 한다.

만족을 모르는 사람의 인생은 지속적인 성장에 매우 불리하다. 이런 사람들은 포기를 하거나 만족할 때까지 불도저와 같은 삶을 산다. 죽을 때까지 돈과 자본 게임에만 골몰하다 보면 개인의 삶은 피폐해지고, 소중한 가족과 친구는 그를 떠나버린다.

따라서 자본 게임에 참여하는 사람이 갖추어야 할 가장 중요한 태도는 만족할 줄 아는 마음을 갖는 것이다. 만족을 아는

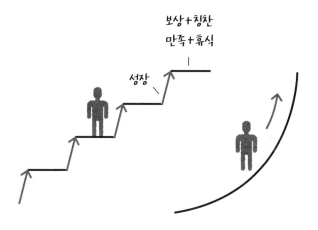

보상+칭찬
만족+휴식

성장

사람은 그다음 단계로 성장할 힘을 스스로 얻을 수 있지만, 자기가 이룬 것이 늘 부족하다고 여기는 사람은 스스로를 끝없이 채찍질하면서 몸이 망가지거나 일을 그르치거나 소중한 인간관계가 끊기게 한다. 그리고, 딱 거기까지만 성장하고 다음 단계로 넘어가지 못한다.

대부분의 사람은 오른쪽 그림처럼 단기간의 빠른 성장을 원한다. 쉬어야 할 때 제대로 쉬지 않고, 아래로 미끄러지지 않으려고 안간힘을 쓰며 버틴다. 그렇게 미래의 행복을 위해 현재를 희생하는 선택을 한다. 왼쪽 그림처럼 계단식 성공을 추구하면 오르다가 미끄러지더라도 그 전 단계에서 다시 시작할 수 있다. 반면 오른쪽 그림처럼 가파른 성공만을 추구하면 단 한 번의 실수로 미끄러져도 다시 회복하기가 어렵다. 그러므로 성장 이후에는 충분한 보상과 칭찬, 그리고 만족하는 시간을 가지라는 것이다.

첫 번째 계단은 대부분 쉽게 오른다. 하지만 거기에서 멈추는 경우가 많다. 여기서 멈추지 않고 두 번째 계단을 오르기 위해서는 몰입을 통한 가치 키우기 과정이 필요한데, 대부분 그 시간의 중요성을 무시하고 본질의 핵심까지 도달하지 못한 채 성공의 가장자리만 돌아다닌다.

나는 경쟁 피라미드적 관점에서 볼 때 단계별 상위 포식자인 사람들을 많이 만났다. 두 번째 계단에 도달한 사람들은 주변에서 흔히 볼 수 있다. 그들의 소득은 통계청 가계소득의 두세 배를 웃도는데, 공통적으로 두 가지 고민을 안고 있다. 하나는 '어떻게 하면 더 성장할 수 있을까?'이고, 다른 하나는 '어떻게 하면 좀 쉴 수 있을까?'였다. 모순된 고민처럼 보이지만, 사실 그 맥락은 같다.

이들이 다음 단계로 성장하지 못하는 가장 큰 이유는 바로 자신이 이룬 것에 만족하지 못하기 때문이다. 물론, '나는 아직 부족해'라는 자각은 정체되지 않고 더 전진하게 만드는 동기부여와 추진력의 역할을 하기도 한다. 하지만 인간의 에너지와 시간에는 한계가 있다. 지속적인 불만족의 채찍질은 아무리 노력해도 시간이 부족하다고 느끼게 만들고, 피로감과 의무감에만 짓눌린 수동적인 삶의 쳇바퀴에 갇히게 한다.

라이브 코칭 인터뷰에서 만난 40대의 한 여성분은 개원을 한 의사이고 소득이 일반 대기업 연봉의 서너 배에 달했다. 그녀에게 돈과 시간으로부터의 자유를 얻는다면 무엇을 하고 싶으냐고 물었다. 그녀는 '그냥 쉬고 싶다'고 했다. 5년 후 하고 싶은 일이 무엇이냐고 묻자 '가정주부'라고 답했다.

사회적 지위가 높고 소득이 높은 사람들이 삶의 의미를 잃고, 급기야 자살을 선택하는 이유가 뭘까? 나는 그들이 목표를 향해 오랜 기간 쉼 없이 질주하는 과정에서, 인생에서 가장 소중한 것들에 소홀했기 때문에 지독한 허무에 휩싸인다고 생각한다. 소중한 것들은 가족일 수도, 친구일 수도 있다. 그중에서도 가장 치명적인 건 오랜 시간 수고한 자신에 대한 소홀함이다. 자신을 돌보지 않고 과한 채찍질만 휘두르는 삶의 태도는 수많은 현대인이 겪는 번아웃의 대표적인 원인일 것이다.

비슷한 사례로, 대기업에 다니면서 사업을 시작한 한 부부가 있다. 이들은 부동산 투자로 자본금을 만든 다음 부업으로 사업을 시작했는데, 어느새 자체 브랜드 상품을 만들 정도로 고속 성장을 이루었다. 오랜만에 만난 부부는 두 사람 다 눈 밑에 다크서클이 진하게 드리워져 있었다. 오랜 시간 극심한 피로감에 시달려온 듯 보였다. 소득은 만족할 정도로 늘었지만, 매일 네 시간을 자면서 일하느라 수면 부족으로 건강이 악화됐다고 부부는 말했다. 소득이 늘어서 행복하긴 한데, 몸이 피곤해서 행복하지 않다. 무엇이 잘못된 걸까?

직장을 다니면서 추가 소득을 내다 보면 여기에 더 매진하게 된다. 회사 업무를 통해 얻는 성취감과는 차원이 다른 '내 사업'의 성장이 뿜어내는 도파민에 중독되기 때문이다. 시간을 갈아 넣는 노력으로 일구어낸 결과이기에 그것을 놓치지 않기 위해서 계속 시간을 투입하는 행동만 반복한다. 이런 경우, 그다음 단계로 점프업 할 수 없다. 이 단계에서는 시간을 더 투입하기보다 시간을 덜 투입하는 방법을 고민하는 편이 성장에 훨씬 유리하다. 이처럼 성장의 단계마다 필요한 전략이 다름에도, 사람들은 첫 성취의 경험을 무한 반복하는 실수를 한다. 그렇게 건강을 해치거나 번아웃에 빠진다.

번아웃은 심하면 우울증이나 공황장애로까지 이어진다. 유라시아 횡단 열차가 한 번도 쉬지 않고 달린다면 과열되어 중간에 퍼질 수밖에 없다. 인생을 여행하면서 바깥 풍경도 즐기고, 맛있는 도시락도 먹고, 중간 역에 내려 주변도 둘러보고, 커피

한잔의 여유와 행복을 음미하는 쉼이 필요하다. 이것이 우리가 삶에서 만족을 추구하는 가장 단순한 방식이다.

결국, 현재의 삶에 충실하고 만족할 줄 아는 사람이 다음 단계로 도약할 수 있다. 성장을 이룬 자신과 가족에 대한 칭찬, 보상의 과정을 통해 우리는 행복을 느낀다. 또한 그 쉼의 단계에서 다음 성장을 위한 준비가 원활히 이루어진다. **사람들은 당신이 행복한지 아닌지를 귀신같이 알아본다. 그리고, 사람들은 행복할 줄 아는 사람을 신용한다.** 지금 만족하지 못하는 사람은 죽을 때까지 영영 만족하지 못한다. 만족과 쉼은 다음 단계의 성장을 위해 반드시 거쳐가야 하는 과정임을 잊지 말았으면 한다.

만족의 선을 안다는 것

사업과 투자로 돈을 크게 버는 경험을 하고 나면 이를 계속 반복하고 싶은 것이 당연한 심리다. 자산과 자본이 늘어남에 따라 투자하는 돈의 단위도 달라지고, 목표는 점점 높아진다. 그렇게 자신에게 '점점 더'를 끊임없이 외친다. 시간으로부터의 자유를 얻고 더 나은 삶의 가치를 추구할 수 있는 상황에 도달했음에도, 돈을 벌 때의 쾌감이 계속해서 더 큰 돈을 버는 행위로 자신을 몰아넣는다. 이 역시 자신이 원하는 정도가 얼마큼인지 모르고, 만족을 모르기 때문에 나타나는 현상이다. 만족은 결코 '멈춤'을 의미하는 것이 아니다. 다음 기회, 더 큰 성장으로 나아갈 에너지를 축적하는 과정이다.

만족할 줄 모르는 불도저 성향이 위험한 더 큰 이유는, 지나친 성취욕으로 그동안 자신이 이룬 자산을 모조리 날릴 리스크를 안고 있기 때문이다. 만족을 모르는 사람들이 자본 게임에서 모든 걸 잃고 좌절하는 최후를 많이 보았다. 돈과 빚으로 인해 소중한 가족까지 잃는 경우도 흔하다.

지속 가능한 성공을 꿈꾼다면 '돈'을 최종 목적에 두어서는 안 된다. **진짜 성공한 인생은 일확천금의 돈을 손에 넣은 삶이 아니다. 나의 일, 내 가족의 행복, 나아가 타인을 행복하게 해주는 일에 돈을 사용하는 삶이다.** 이들의 삶은 향기롭고 여유롭다. 다른 사람의 부를 따라잡는 게임에만 급급하면 계속 달리기만 하게 되고, 무리하게 달리다가 다쳐서 더는 뛰지 못하게 되기도 한다. 그러니 당신만의 속도로 뛰고, 때론 걸으면서 주변을 살필 줄 알아야 한다. 봄여름가을겨울이 지나가는 것도 모르고 살다 보면 어느 순간 거울 속에서 돈만 아는 불행한 노인을 만나게 될 것이다. 평생 타인과의 비교만 일삼는 사람에게 불행은 가장 쉽게 달라붙는다.

아래를 보고 살라는 말로 오해하지 않길 바란다. '이만큼이면 충분하다'라는 돈의 기준은 사람마다 다를 것이고, 내가 말하는 기준은 결코 적은 규모가 아니다. 돈이 아닌 당신 자신을 위해 하고 싶은 일을 선택할 수 있으려면 어느 정도의 자산이 필요한지 당신이 정확히 알고 있어야 한다. 이를 통해 당신이 담을 수 있는 부의 그릇을 측정할 수 있고, 만족의 선을 깨달을 수 있다. 즉, 내가 말하는 '충분한 돈'은 시간으로부터의 자유를 얻을 수 있는 정도의 돈이다. 불필요한 소비를 통제할 수 있고 가치 중심의 소비를 습관화해왔다면, 그 돈은 인생을 살면서 절대 얻을 수 없는 부가 결코 아닐 것이다.

이 모두를 이루고 난 뒤에 펼쳐질 당신의 삶이 기대되지 않는가? 마침내 그 삶에 도달한다 해도 일과 투자만큼은 절대 놓지 말라고 당부하고 싶다. 당신이 일구어낸 자산과 성과의 복리 효과는 시간이 흐를수록 막대하게 커질 것이기 때문이다. **풍요로운 돈의 흐름 속에서 '나를 기쁘게 하는 일'에 몰입하는 일상을 매일 그려보라.** 당신은 분명 그 순간에 도달할 수 있다. 옳은 방향으로 꾸준히 나아간다면 말이다.

모두의 이익을
추구하라

사회적 가치를 높이는 일은 자신과 상대방 모두에게 도움이 되는 일이어야 지속이 가능하다. 자신에게만 좋은 일을 하는 사람은 눈살을 찌푸리게 한다. 사회봉사를 하러 가서 힘든 일은 하지 않고 마케팅용으로 사진과 영상만 찍고 가는 사람들이 그런 부류다. 또한, 상대방에게만 도움 되는 행동은 처음에는 자기희생으로 어느 정도 유지할 수 있지만 오래 지속하기가 힘들다. 사회적 가치를 더하는 행동은 일방적으로 베푸는 방식이 아닌 서로에게 도움 되는 일일 때 지속이 가능하고 상호 간의 성장을 추구할 수 있다.

부를 이룬 사람들 중엔 자신의 경험과 부를 나누고자 하는 사람들이 많다. 이때도 마찬가지로 타인에게는 도움이 되는데 도움을 주는 사람에게는 부담만 되거나 오히려 피해가 된다면, 그 일은 절대 계속될 수 없다. 도움받는 사람들의 영역을 넓히려면 도움을 주는 사람이 계속 잘되어야 한다. 그래야 그 도움이 지속되고 더 큰 영향력을 미칠 수 있다.

　나는 사회복지사들을 위한 무료 특강을 몇 차례 한 적이 있었다. 사회적 약자일수록 자본주의와 돈에 대한 학습이 되어 있지 않다 보니 게임이 불공평하다고 판단했기 때문이다. 부모로부터 받는 돈의 양은 어쩔 수 없이 다름을 인정해야겠지만, 게임에 대한 룰은 모두가 공평하게 인지하고 있어야 한다고 생각했다. 하지만 무료로 진행하다 보니 노쇼가 쉽게 발생했고, 그 사람으로 인해 꼭 참석하고 싶은 사람이 기회를 잃는 일이 잦았다. 또 나의 의도와 달리 당장 당면한 지엽적인 고민만 해결할 목적으로 오는 사람도 많았다. 그럴 수밖에 없는 이유는 충분히 이해하지만, 내 마음과 달리 일이 진행되는 것에 속상한 마음이 드는 건 어쩔 수가 없었다.
　사람들은 무료로 얻는 것은 값어치가 없다고 생각하는 경향이 있다. 그러므로 타인에게 도움을 주기 위해서는 아무리 돈을 벌 목적이 아니더라도 최소한의 대가를 받는 것이 효과적이라는 것을 이 일을 통해 깨달았다.

또 다른 경험으로, 비원 모임을 통해 부천에 있는 사회복지
팀과 '조용한 혁명'을 위한 다양한 시도를 했었다. 순천향대학병
원, 성모병원, 한국소아암재단 등에 상당히 큰돈을 기부하기도
했다. 그런데 기부를 하고 난 뒤에 그 돈이 어떻게 사용되었는지
확인할 길이 없는 것이 답답했다. 가계 경제적으로 사방이 막힌
가정들을 직접 방문해서 다양한 시도를 해보았지만, 결과적으로
는 단기간의 행동으로 그들의 인생을 변화시키기에는 역부족이
라는 한계에 부딪혔다. 오히려 사회복지사분으로부터 '아이들이
성장할 때까지 꾸준하게 도움을 줄 수 없다면 오히려 직접적인
도움이 피해가 될 수도 있다'는 조언을 들었다. 어느 정도 납득
이 가는 말이었다.

결국 사회적 가치를 더하기 위해 내가 할 수 있는 최선은 내
가 옳다고 생각하는 것들을 최대한 많은 사람에게 알리는 것임
을 깨달았다. 절박함을 안고 나를 찾는 사람들에게 자본주의 게
임의 법칙을 알려주고, 그들이 경제적 성장을 하고 돈과 시간으
로부터의 자유를 얻을 수 있게 해주는 것 또한 조건 없는 기부
못지않게 의미 있는 일이었다. 가치 있는 사회 활동은 비영리적
인 일이어야 한다는 원칙이 편협한 생각이었다는 것을 이 모든
과정을 겪고 나서야 깨달았다.

당신이 이 책을 읽고 어제보다 더 나은 오늘을 살아가며 성장해나가는 모습을 주변 사람들에게 보여준다면, 그것이 당신이 할 수 있는 사회적 가치 더하기일 것이다. 적극적인 실행과 복기를 통해 이루어낸 성공 스토리를 주변에 널리 전파하라. 소득과 자생소득이 증가할수록 사회적 책임도 높아질 것이다. 자본 게임에 적극 참여해서 성과를 낼수록 보유 자산과 소득 증가에 따른 세금도 빠르게 늘어난다. 그리고 이 세금은 낙수 효과를 통해 경제적 도움이 필요한 사람들에게 전달된다.

당신이 성장하는 모습을 주변에 보여주고, 당신의 성공에 부과되는 세금을 충실히 납부하는 것이 결국 함께 살아가는 사람들에 대한 책임을 다하는 것이다. 매달 몇 만 원 기부를 하는 것도 중요하지만, 그보다 당신이 경제적으로 성장하는 것이 더 많은 사람에게, 더 오랫동안 도움을 베푸는 길이다.

당신의 사명은
무엇인가?

나는 사회복지사들을 위한 특강에 이어 지금은 어린이들을 위한 무료 교육 서비스를 준비 중이다. 도심 밖의 분교를 찾아가서 학생들에게 자본주의에 대해 내가 알고 있는 지식과 경험을 들려줄 계획이다. 전교생 50명이 채 안 되는 학교의 교장으로 있는 고향 친구에게 나의 계획을 전했고, 친구도 흔쾌히 내 뜻을 받아들였다.

시간이 되고 체력이 허락하는 한 나는 나만의 방식으로 조용한 혁명을 이어갈 것이다. 그 과정에서 실망하는 일도 있겠지만, 이 시도를 통해 생각지 못한 또 다른 기회의 길을 만날지도 모른다. 이러한 도전이 내가 할 수 있는 작은 혁명이라고 생각한다. 피라미드 중간에서 그 위로 올라가고 싶어 하는 사람들에게 부의 테크트리를 타는 방법과 레버리지에 대해 알려주고, 피라미드 아래에 있는 사람들에게는 내가 경험한 세상의 법칙을 알려줄 것이다. 이 경험을 통해 과거 자본주의에 무지했던 나를 치유하고, 그 치유의 과정에서 더 큰 행복을 찾을 거라고 확신한다. 그리고 나의 치유의 과정과 함께한 사람들이 나로 인해 돈과 시간으로부터의 자유를 얻고, 또 그들이 그것을 다른 사람들에게 전하며 도움의 손길이 퍼진다면 더할 나위 없는 행복과 보람을 느낄 것이다.

가난한 사람들에게 자선은 마약과도 같아서 과도하게 복용하면 삶의 의욕을 잃을 수도 있다. 내가 만난 사회복지사들은 경제적 어려움을 겪고 있는 가정이 자립하는 데 도움을 주기 위해 박봉에도 엄청난 노력을 한다. 그런데, 그분들이 공통적으로 하는 고민이 있었다. 기초생활수급자들은 일이 있어도 일하지 않고 노는 것을 선택한다는 것이다. 일을 하면 정부 지원금보다 더 벌 수는 있지만, 그 차이가 크지 않기 때문에 그냥 놀면서 정부 지원금을 받으려고 한다는 것이다. 정부의 복지 정책이 오히려 그들에게 피라미드 바닥을 벗어나지 못하게 만드는 마약을 처방하는 격이다.

나는 경제력이 없는 가정의 자녀들이 정부 지원금이라는 마약에 갇히지 않고 자본주의 게임에 당당하게 참여하도록 돕는 것이 내게 주어진 미션이라고 생각한다. 중산층이 무너지지 않게 하는 것, 최하층에게 무조건적인 '기부'보다 지속적인 '자극'을 줌으로써 그들이 스스로 일어날 수 있는 용기를 얻고 자본 게임에 참여하게 만드는 것. 이것이 내가 나의 사회적 가치를 더하는 사명의 핵심이다.

도움 주는 사람이 행복하다

인간은 궁극적으로 관계를 통해 불행과 행복을 느끼는 동물이다. **돈은 행복을 위한 목적이 아니라 수단이다.** 로또에 당첨되면 행복할까? 일시적으로 큰돈이 들어오면 도파민이 분비되어 행복하다고 착각할 수 있다. 하지만 도파민이 주는 행복감은 오래가지 않는다. 그 사람이 그 돈으로 다른 사람들에게 도움 주는 행동을 하고, 도움받은 사람들이 감사하다는 말을 할 때 완전한 행복감을 느낄 수 있다. 즉, 돈을 손에 쥐기만 하는 것이 아니라 돈이라는 수단으로 다른 사람들에게 도움을 주고 인정받을 때 우리는 비로소 행복하다고 느낀다.

돈 때문에 행복하다고 착각하는 사람은 그 돈이 줄어들면 바로 불행해진다. 하지만, 돈을 버는 과정에서 다른 사람들의 가치를 높여주고, 더 나아가 사회적 가치를 높이는 일을 하는 사람은 일과 사람들로부터 받는 인정으로 행복을 유지한다. 이런 경우 돈이 줄어들더라도 행복감이 그에 비례해서 줄지 않는다. 이 원리를 분명하게 아는 사람만이 남은 삶을 지속 가능한 행복의 길로 꾸려나갈 것이다.

시간 여행을 떠나
과거의 당신을 도와라

사회적 가치를 더하는 방법을 잘 이해하지 못하고 무엇부터 시작해야 하는지 모르는 사람이 많다. 대부분 제일 먼저 기부와 봉사를 떠올린다. 앞에서도 언급했지만, 이런 방식으로는 그 선행을 오래 지속할 수 없고 큰 보람도 느끼지 못한다. 또한, 사회적 약자들에게 실질적 도움도 되지 못한다. 꾸준히 지속하면서 보람을 느끼려면, 자신과 직접적인 연관이 있는 일을 행해야 한다.

첫째, 현재 하고 있는 일의 연장선에서 사회적 가치 더하기를 할 수 있다. 당신이 현재 하고 있는 일로 도움을 줄 수 있는 사람이 있는지를 찾아보면 분명 찾을 수 있을 것이다.

둘째, 당신이 과거에 실패나 트라우마를 겪었거나 지금 그러한 처지에 있다면, 당신의 경험과 노하우를 나누어주면서 사람들에게 도움을 줄 수 있다. 다른 사람들에게 '감사하다'는 말을 듣는 것은 과거의 당신을 만나 손을 내밀어 도와주는 것과 같다. 그렇게 당신은 치유받을 수 있다. 과거의 자신과 같은 어려움에 처한 사람을 도와주는 것만큼 좋은 치유 방법은 없다.

어제보다 나은 오늘을 살라

당신이 지금의 삶에 만족하지 않고 성장과 성공적인 삶을 원한다면, 어제와 같은 오늘을 보내서는 원하는 목표를 이룰 수 없다. 나는 단독자 모임 비원에서 "어제보다 나은 오늘을 보내세요"라는 인사를 자주 건넨다.

인간이 가장 불행할 때가 언제일까? 어제와 오늘이 같고, 내일도 오늘과 같을 것임을 알 때 인간은 가장 불행하다고 느낀다. 어제와 같은 오늘을 보내고, 오늘과 같은 내일을 상상하면서 '왜 살지?'라는 의문이 솟아나기 때문이다.

우리는 기본적으로 철학자의 자질을 갖고 있다. 살면서 삶의 의미를 계속해서 찾아간다. 누구나 행복하고 싶고, 성장하고 싶고, 더 나은 삶을 살고 싶기 때문이다. 그러므로 행복을 원한다면 어제 보냈던 시간과 오늘 보내는 시간이 달라야 하며, 내일은 오늘과 다른 시간을 써야 한다.

자신의 미래를 이미 알고 있다면 어떨까? 삶의 의욕을 잃을 것이다. 어차피 정해진 미래의 모습이라면 굳이 지금 노력할 필요가 없기 때문이다. 미래의 불확실성은 우리를 불안과 걱정에 휩싸이게도 만들지만, 삶의 원동력이 되기도 하는 것이다. 우리 모두는 불확실한 미래를 살고 있다. 그 누구도 자신의 미래를 알 수 없다는 건 새로운 미래를 꿈꿀 만한 근사한 조건이기도 하다.

미래가 그저 불안하기만 하다면, 지금 그 어떤 시도도 하고 있지 않거나, 시도는 하는데 허공에서 발만 움직이고 있을 확률이 높다. 하지만, 매일 같은 날을 반복하며 삶에 대한 권태를 느끼고 있다고 해서 자신에게 실망할 이유는 전혀 없다. 나는 과거에 삶의 의미를 그 어디에서도 찾을 수 없는 완전한 심연의 공허함에 빠져 오랫동안 헤어 나오지 못한 적이 있었다. 니체는 '삶에 대한 권태는 얼어붙은 삶의 의지를 녹일 봄바람과도 같다'고 했다. 그러니 만약 삶의 권태를 느끼고 있다면, 오늘과 다른 내일을 준비하는 과정이라고 생각하고 불안에서 천천히, 조금씩 빠져나오길 바란다. 다시 시작하면 되는 것이다.

만일 당신이 미래가 기대되고 흥미롭다면, 당신은 지금 제대로 땅에 발을 딛고 당신의 속도로 앞으로 걸어가고 있는 것이다. 나중에 누군가가 과거에 지금의 당신을 기대했느냐고 물어보면, 그때는 상상도 못 했던 삶을 지금 살고 있다고 답하게 될 것이다. 순간순간 최선의 선택을 해나가다 보면, 당신이 마주하게 될 미래의 당신은 지금 상상하는 모습이 아닐 가능성이 높다. 그 미래가 궁금하고 기대되지 않는가?

돈과 시간으로부터의 자유를 원하는 사람은 많지만, 그것을 위해 하루의 시간을 꾸준히 투자하는 사람은 드물다. 오늘부터 당신 자신에게, 그리고 사람들에게 이런 인사를 건네보자.

"어제보다 나은 오늘을 보내세요."

한 사람의 어제와 오늘을 보면 미래를 예견할 수 있다고 했다. 당신이 원하는 '10년 후의 나'를 상상해보라. 무엇이 가장 달라졌는가? 그 변화를 현실로 만들기 위해 오늘, 무엇을 선택하겠는가?

더 퍼스트

초판 1쇄 발행 2025년 4월 28일
초판 3쇄 발행 2025년 5월 22일

지은이 유나바머
펴낸이 최순영

출판1 본부장 한수미
라이프 팀장 곽지희
편집 곽지희
디자인 studio forb

펴낸곳 ㈜위즈덤하우스 **출판등록** 2000년 5월 23일 제13-1071호
주소 서울특별시 마포구 양화로 19 합정오피스빌딩 17층
전화 02) 2179-5600 **홈페이지** www.wisdomhouse.co.kr

ⓒ 유나바머, 2025

ISBN 979-11-7171-404-9 03320